财政部规划教材
金融学国家级特色专业用书

中国货币市场业务实训教程

张自力 著

中国财经出版传媒集团
经济科学出版社
Economic Science Press

图书在版编目（CIP）数据

中国货币市场业务实训教程／张自力著．—北京：
经济科学出版社，2020.3（2024.9 重印）
财政部规划教材
ISBN 978-7-5218-1380-7

Ⅰ.①中… Ⅱ.①张… Ⅲ.①货币市场－中国－高等学校－教材 Ⅳ.①F822.2

中国版本图书馆 CIP 数据核字（2020）第 041659 号

责任编辑：白留杰
责任校对：杨　海
责任印制：李　鹏

中国货币市场业务实训教程

张自力　著

经济科学出版社出版、发行　新华书店经销
社址：北京海淀区阜成路甲 28 号　邮编：100142
教材分社电话：010-88191354　发行部电话：010-88191522
网址：www.esp.com.cn
电子邮箱：bailiujie518@126.com
天猫网店：经济科学出版社旗舰店
网址：http://jjkxcbs.tmall.com
北京季蜂印刷有限公司印装
787×1092　16 开　10.5 印张　260000 字
2020 年 4 月第 1 版　2024 年 9 月第 2 次印刷
ISBN 978-7-5218-1380-7　定价：39.00 元
（图书出现印装问题，本社负责调换。电话：010-88191510）
（版权所有　侵权必究　打击盗版　举报热线：010-88191661
QQ：2242791300　营销中心电话：010-88191537
电子邮箱：dbts@esp.com.cn）

作者简介

张自力,教授,九三学社成员,武汉大学商学院金融专业毕业。广东金融学院金融与投资学院副院长,广东金融学院金融专业硕士生导师。曾于2019年2月至2020年2月赴英国诺丁汉大学商学院从事科研工作(国家留学基金委公派访问学者),2012年赴美国西阿拉巴马州立大学商学院进行学术、教学交流。主要研究方向为货币政策与农村金融发展理论,近些年侧重于金融市场发展与监管的研究。从事金融学、中央银行理论实务、货币市场理论实务等课程的教学工作20余年。

曾获得第九届"广东省高等学校教学名师(本科)"荣誉称号(2019年),第八届"广东省教育教学成果(高等教育)"二等奖(2017年)、第六届"广东省高等教育教学成果"二等奖(2010年),中国金融教育发展基金会"金融教育优秀科研成果"优秀奖(2006年)。受聘为:"广州市财政专家咨询委员会委员专家""广州市人大预算工作委员会专家成员""汕尾市财经金融人才驿站专家"。

作为主持人及主要参与者承担了2016年度广东省高等教育教学改革项目:《国际化、创新型金融人才培养模式实践研究》;2016年省级《广东省"金融学"重点专业》;2015年广东省哲学社会科学"十二五"规划学科共建项目:《"一带一路"战略背景下中国伊斯兰债券海外融资创新研究》;2014年广东省省级教改项目《卓越金融理财人才培养计划》;2013年广东省省级精品资源共享课《金融学》;2013年广东省哲学社会科学"十二五"规划项目:《广东地方政府市政债产品创新及违约风险监管研究》;2012年《广东省"金融学"专业综合改革》试点项目;2012年广东省省级精品视频公开课《金融制度:历史、政治和文化视角》;2007年国家社科基金项目:《银行主导融资下企业债券市场发展的契约期限与治理机制》;2010年国家社科基金项目:《建立我国金融宏观审慎监管制度研究》;2011年教育部青年基金项目:《上市公司发债需求、工具选择和监管机制研究》;2012年广东省哲学社会科学规划项目:《金融结构转型期广东地方金融监管研究》;2010年广东省哲学社科基金项目:《企业债券市场监管分权竞争和集权整合的选择研究》、2009年广东省软科学项目:《广东自主创新与金融支持协同研究》;2006年广东省教育厅项目:《金融证券实验室与实践基地的创新模式研究》;2007年广东省科技厅项目:《中国城市化进程中的区域金融资源配置与金融创新》和2007年广东省哲学社会科学"十一五"规划项目:《内外失衡格局下我国货币政策内在协同问题研究》等17项国家、省部级科研教学课题的研究。

公开发表专业学术论文数十篇,出版专著、教材10余部,所发表的8篇论文曾分别被人大复印报刊资料《金融与保险》F62、《投资与证券》F63以及《社会主义经济理论与实践》F13全文转载。

前　言

货币市场作为一国金融市场的重要组成部分，既能够在微观层面上为商业银行等金融机构提供灵活的资金头寸管理操作平台，使这些经济主体在对资金的安全性、流动性、营利性管理上更加方便灵活，同时也在宏观层面上为中央银行实施货币政策调控宏观经济提供了操作平台。

进入21世纪以来，我国的货币市场无论在深度还是广度上都呈现出高速发展的趋势，货币市场的活动对国家宏观经济的影响越来越大。熟悉和了解货币市场的运作机制与规律，掌握货币市场具体业务的流程与操作成为金融从业者提升自身业务素质，提高竞争力的必然要求。作者在撰写本书过程中，多次深入实际一线部门开展调研，翻阅了大量文献资料，力图将实际业务中最新的内容和知识展示给读者。在阐述货币市场运作原理的同时，通过大量的实务图例、表格演示和具体流程的操作练习，让本书的使用者能更直观地掌握货币市场运作基本步骤和方法，为系统掌握货币市场的相关知识，尽快适应业务工作需要提供了很好的实战练习机会。

本书的基本框架包括两部分：实训准备和实训项目。实训准备介绍了货币市场业务的主要原理、业务流程、操作要点；实训项目设计了货币市场中各种业务的系统性操作练习。从内容上看，本书以目前我国货币市场中最重要的主体——商业银行从事的具体货币市场业务为主线，涵盖了银行间债券市场、同业拆借市场以及票据市场中从申请、审核到交易、结算等完整的程序及内容，体现了很强的操作性、直观性和创新性。由于货币市场基金、大额可转让存单以及短期融资券等若干子市场在目前我国货币市场实际业务中业务规模极小甚至还没有真实意义上存在，因此暂未作为教学内容列入本书。

作为广东金融学院"金融学国家级特色专业"的指定使用教材，在本书撰写过程中，得到了来自中国人民银行济南分行彭江波处长、济南分行聊城支行王银光科长；中国工商银行广东省分行资金营运部陈欢荣总经理、黄锡钦副总经理；广东发展银行资金部徐宏忠副总经理；民生银行广州分行公司银行管理部潘蕴桦副总经理、民生银行广州芳村支行文伟锋行长及广州银行资金计划部郝刚博士等众多来自金融部门业内专家的热心支持和有益的建议与指导。广东金融学院金融与投资学院徐润萍主任（教授）对本书的撰写倾注了大量心血，广东金融学院副校长王醒男教授、金融与投资学院张纯威教授作为本书的主审提出了许多严格又富有建设性的修改意见，在此一并表示诚挚的谢意，但本书作者文责自负。

由于时间仓促和水平有限，书中难免存在不足，恳请读者批评指正。

本书适合高等院校财经专业教学使用，也可作为银行相关业务人员的培训资料使用。

作者
2019年8月

目 录

第一篇 票据市场
项目一 商业汇票的承兑业务 …………………………………… 4
项目二 商业汇票贴现业务 ………………………………………… 16
项目三 商业汇票转贴现、再贴现业务 …………………………… 33
项目四 商业汇票贴现的创新业务 ………………………………… 51
项目五 商业汇票风险的防范与档案管理 ………………………… 68

第二篇 中国同业拆借市场
项目六 同业拆借市场业务 ………………………………………… 81

第三篇 中国银行间债券市场
项目七 银行间债券市场回购业务 ………………………………… 93
项目八 银行间债券市场买断业务 ………………………………… 111

货币市场业务综合实训练习 …………………………………………… 117

附录
中国货币市场构成示意图 ………………………………………… 137
全国银行间债券市场债券交易管理办法（2000 年 4 月 30 日颁布施行） … 138
同业拆借管理办法（2007 年 8 月 6 日颁布施行） ……………… 142
电子商业汇票业务在中国货币市场中的发展应用 ……………… 149

第一篇

票据市场

我国现行的票据包括银行汇票、商业汇票、银行本票和银行支票四种，除了商业汇票为远期票据外，其余三种均为即期票据。因此，只有商业汇票可以进行票据的贴现、转贴现业务，行使交换和转让职能，它构成了我国货币市场下票据市场子市场中交易的主体。

一、商业汇票的概念

商业汇票是基于合法的商品交易背景而产生的票据，它是买卖双方之间根据交易合同约定的各要素条件，而开具的反映债权债务关系并到期清偿的票据。

二、商业汇票的主要特点（见图1）

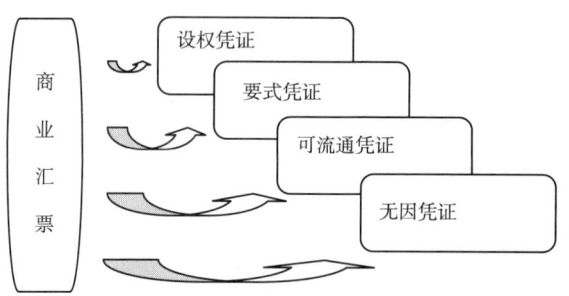

图1 商业汇票的主要特征

注：（1）设权凭证：商业汇票权利义务的顺利履行首先需要以书面形式界定债权债务人各自的责任与权利，商业汇票就是一种以到期后支付一定金额为标的的债权凭证。（2）要式凭证：商业汇票作为债权债务支付凭证，必须具备必要的规范形式与内容。（3）可流通凭证：通常商业汇票上所载明的权利可经过背书转让的方式自由流通。（4）无因凭证：持有人在行使商业汇票权利时无须证明其取得汇票的原因。

三、商业汇票的相关规定

（1）商品交易合同必须真实有效。
（2）商业汇票票面要素完整规范。
商业汇票票面应包含的要素示样，见图2。

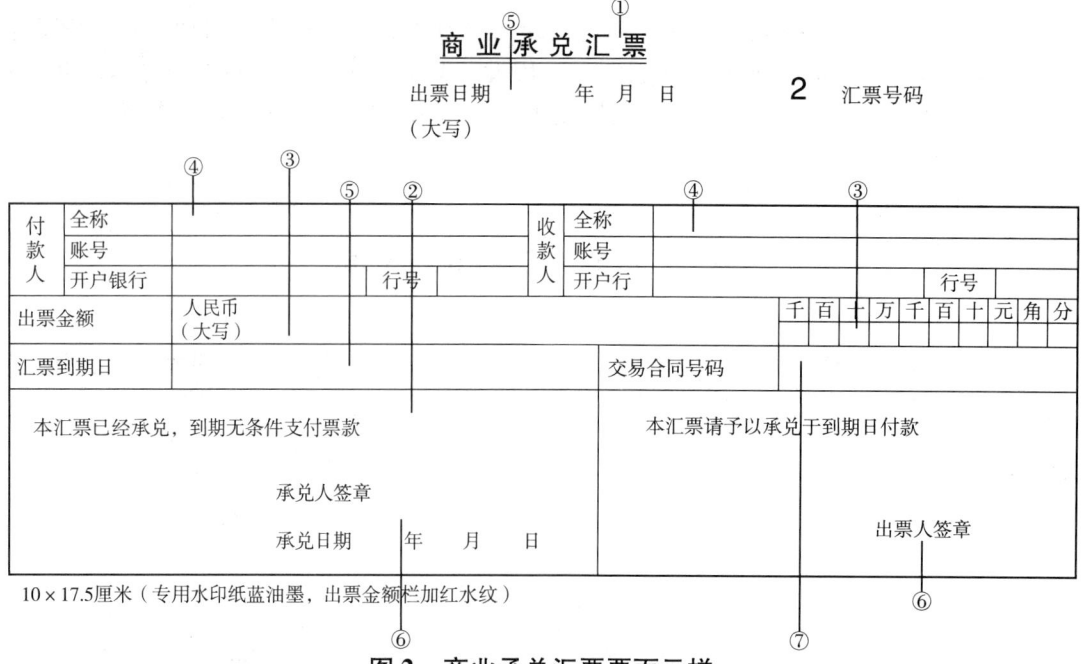

图2 商业承兑汇票票面示样

合格的商业汇票票面内容要素应包括：

① 票面注明"商业承兑汇票"或"银行承兑汇票"的字样；

② 到期无条件支付的委托；

③ 确定的金额，汇票金额大写用文字表示，小写用阿拉伯数字填写，两者要做到完全一致；

④ 收、付款人的名称、账号及其开户银行名称和行号；

⑤ 出票日及到期日；

⑥ 出票人、承兑人签章；

⑦ 注明交易合同号码，便于存查。

（3）对商业汇票付款期限的规定。定日付款的商业汇票付款期限自出票日起按月计算，并在汇票上记载具体的到期日。商业汇票的付款期限最长不得超过6个月。如属分期付款，应按合同规定，一次签发若干张不同期限的汇票。

项目一

商业汇票的承兑业务

一、实训准备

(一) 商业汇票承兑的知识点

1. 商业汇票承兑的分类,见图1-1。

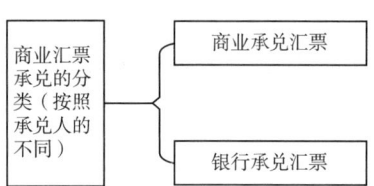

图1-1 商业承兑汇票的分类

2. 汇票承兑的特别说明,见图1-2。

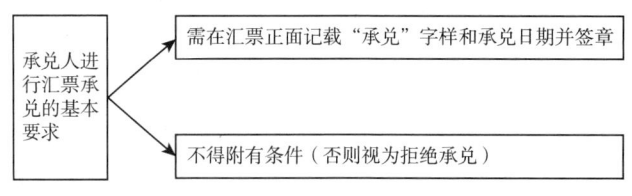

图1-2 商业承兑汇票的承兑要求

3. 商业承兑汇票。商业承兑汇票是指由银行以外的付款人承兑的商业汇票,即债务人作为汇票的承兑人,在汇票上签章并承兑,承诺于汇票到期日支付票款的汇票。

商业承兑汇票可以由付款人签发并承兑,也可以由收款人签发交由付款人承兑。

商业承兑汇票的要求是:(1)在商业承兑汇票中,所谓的"收款人"、"付款人"是指交易双方当事人而不是汇票当事人。按照一般票据规定,商业承兑汇票的出票人应是卖方(交易中的收款人)或买方(交易中的付款人);承兑人及付款人应是买方;收款人应是交易中的卖方。(2)在交易活动中,债权人签发向债务人索取票款的汇票,由债务人在票面上注明承认到期付款的"承兑"字样并签章,从而承担付款的责任,债权人同时也获得付款请求权。(3)付款人拒绝承兑的,必须出具拒绝承兑的证明。(4)商业承兑汇票由付款人出票并承兑的应分别在"出票人签章"处和"承兑人签章"处签章。

4. 银行承兑汇票。银行承兑汇票是由在承兑银行开立存款账户的存款人(承兑申请人)向开户银行申请,经银行审查同意承兑并出具以承兑申请人为出票人的汇票。银行承兑汇票的要求是:(1)汇票一经银行承兑,银行将成为汇票的主债务人,担负着到期无条件付款的义务。(2)银行承兑汇票的实质是银行向承兑申请人所提供的银行信用。(3)银行办理承兑后,一方面成为汇票的主债务人;另一方面又成为承兑申请人的债权人,当承兑申请人不按协议履行交存票款的义务时,银行则按规定有权对其执行扣款。(4)银行承兑汇票到期时,不管承兑申请人有无足够存款,承兑银行都必须无条件地履行支付责任,而对垫付部分则视同逾期贷款向承兑申请人计收罚息,至还清为止。

5. 关于汇票背书转让的说明。

(1)背书是指在票据背面或者粘单上记载有关事项并签章的汇票转让行为。出票人在汇票上记载"不得转让"字样的,汇票不得转让。

(2)汇票凭证不能满足背书人转让记载事项需要的,可以加附粘单,粘附于票据凭证上。粘单上的第一记载人,应当在汇票和粘单的粘接处签章。

(3)汇票以背书转让形式将汇票权利授予他人行使时,必须记载背书人名称。

(4)以背书转让的汇票,背书必须连续(这是指汇票第一次背书转让的背书人是汇票上记载的收款人,前次背书转让的被背书人是后一次背书转让的背书人,依次前后衔接,最后一次背书转让的被背书人是汇票的最后持票人)。

(5)背书不得附有条件。背书时附有条件的,所附条件不具有汇票上的效力。

(6)背书人以背书转让汇票后,即承担保证其后手所持汇票承兑和付款的责任。

6. 承兑银行的权利与义务,见图1-3和图1-4。

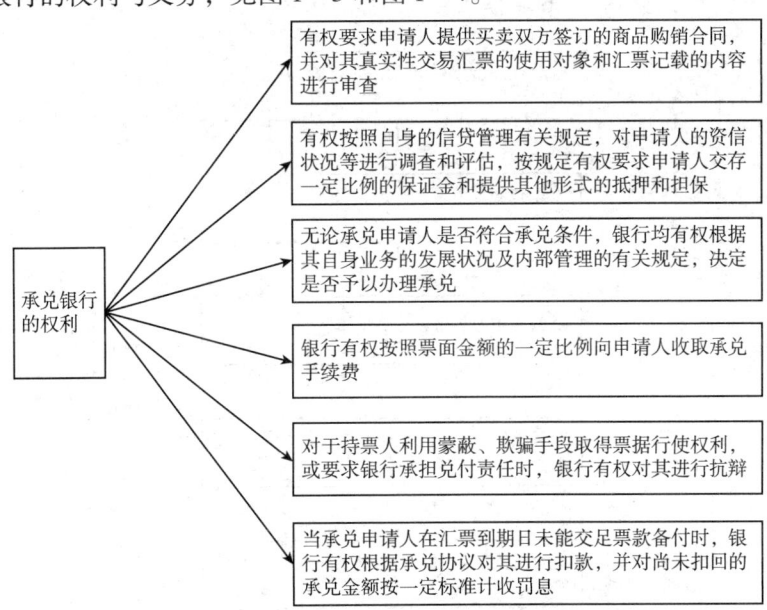

图1-3 承兑银行的相关权利

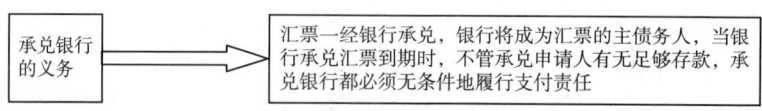

图1-4 承兑银行的相关义务

（二）汇票承兑的业务流程（以银行承兑汇票承兑为例）

1. 业务概述。银行承兑汇票的承兑是指申请人向银行提出承兑申请，承兑银行在指定日期无条件支付确定金额给收款人或持票人的确认承诺行为。

2. 客户需提供的资料，见图1-5。

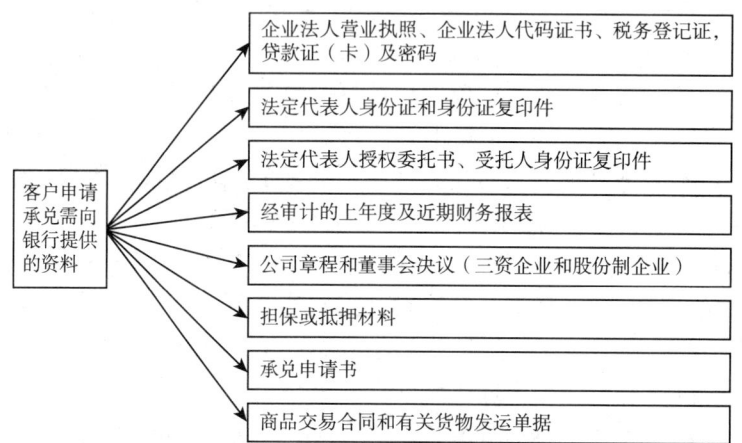

图1-5 银行承兑汇票承兑客户应提供的资料

3. 基本业务流程，见图1-6和图1-7。

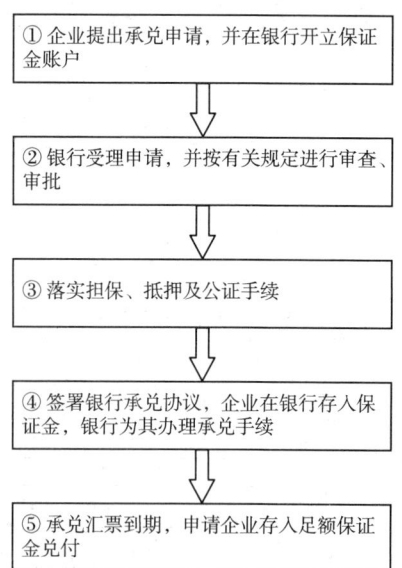

图1-6 银行承兑汇票承兑基本流程

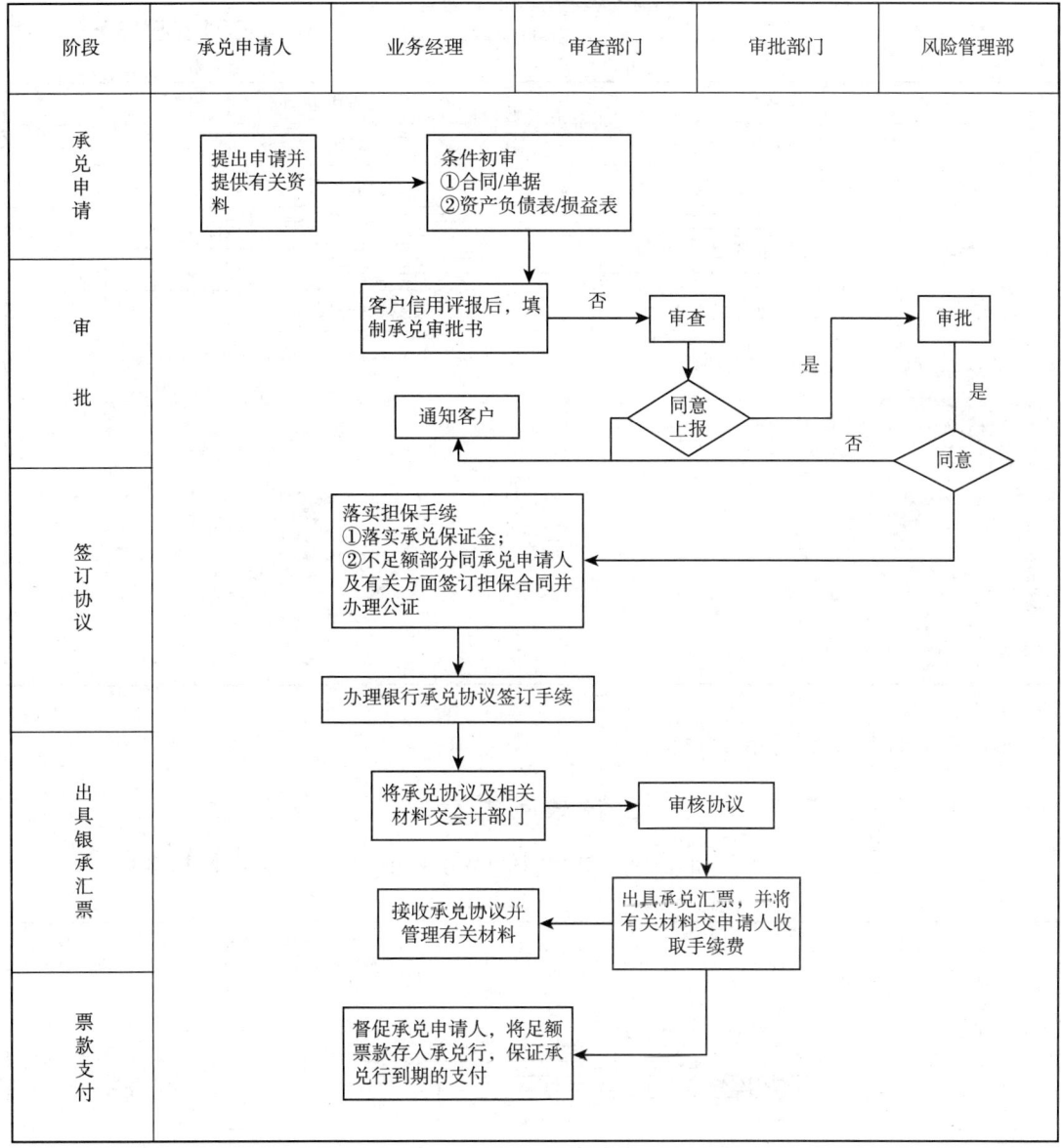

图 1-7 银行部门的程序及关系

（三）银行办理汇票承兑协议的文件示样

示样：实训 1-1 商业承兑汇票

商业承兑汇票

出票日期　贰零零玖年零陆月零捌日　　A00136533007
（大写）　　　　　　　　　　　　　第　号

付款人	全　称	广州市××公司			收款人	全　称	重庆市××公司		
	账　号	232－563－89				账　号	232－56－68		
	开户银行	中行广州市××办事处	行号	43498		开户行	农行重庆市××办事处	行号	36789

出票金额	人民币（大写）	壹佰捌拾万元整	千百十万千百十元角分 ¥180000000

汇票到期日	贰零零玖年零捌月零捌日	交易合同号码	091

本汇票已经承兑，到期无条件支付票款

　　　　（广州市××公司财务专用章）　　杨颖
　　　　　　　　　　　　　　　　　　承兑人签章

承兑日期 2009 年 6 月 10 日

本汇票请予以承兑于到期日付款

　　　　（重庆市××公司财务专用章）　　李韵
　　　　　　　　　　　　　　　　　　出票人签章

示样：实训 1－2 银行承兑汇票

银 行 承 兑 汇 票

出票日期　贰零零玖年零玖月壹拾日　　2 X00000000
（大写）　　　　　　　　　　　　　第　号

出票人全称	长沙市××工厂			收款人	全　称	广州市××进出口公司		
出票人账号	029－3628－21				账　号	023－10298－12		
付款行全称	建行长沙市××办事处	行号	20129		开户行	农行广州市××分理处	行号	302911

汇票金额	人民币（大写）	贰佰捌拾万元整	千百十万千百十元角分 ¥280000000

汇票到期日	贰零零玖年壹拾贰月壹拾日	本汇票已经承兑，到期日由本行付款 建行长沙市××办事处	承兑协议编号	0034

本汇票请你行承兑到期日无条件付款

（长沙市××工厂财务专用章）　张海利
　　　　　　　　　　　　　　出票人签章
2009 年 9 月 12 日

（中国建设银行汇票专用章 2××× ××）　罗维
　　　　　　　　　　　　　　承兑行签章
承兑日期 2009 年 9 月 12 日

科目（借）…………
对方科目（贷）…………
转账　年　月　日
复核　　记账

示样：实训1-3 商业承兑及银行承兑汇票背面（背书转让的示样）

被背书人	被背书人
背书人签章 年　月　日	背书人签章 年　月　日

（贴粘单处）

示样：实训1-4 银行承兑协议

银 行 承 兑 协 议

编号：_____

银行承兑汇票的内容：
出票人全称_____收款人全称_____
开户银行_____开户银行_____
汇票号码_____汇票金额（大写）_____
出票日期____年__月__日到期日期____年__月__日

以上汇票经银行承兑，出票人愿遵守（支付结算办法）的规定及下列条款：

　　一、出票人于汇票到期日前将应付票款足额交存承兑银行。

　　二、承兑手续费按票面金额万分之（　　）计算，在银行承兑时一次付清。

　　三、出票人与持票人如发生任何交易纠纷，均由其双方自行处理，票款于到期前仍按第一条办理不误。

　　四、承兑汇票到期日，承兑银行凭票无条件支付票款，如到期日之前出票人不能足额交付票款时，承兑银行对不足支付部分的票款转作出票申请人逾期贷款，并按照有关规定计收罚息。

　　五、承兑汇票款付清后，本协议自动失效。

承兑银行签章　　　　　　　　　　　　　　　　　　出票人签章

订立承兑协议日期____年__月__日

二、实训项目

（一）实训目标

1. 熟悉汇票承兑申请、办理的基本程序、所需资料。
2. 掌握汇票承兑审核要求、风险防范控制等制度要求。
3. 掌握银行与客户间汇票承兑协议的规范填写要求。

（二）实训的要点提示

1. 审核承兑贸易背景的真实性，确保票据业务合规。应注意以下一些审查要点：
（1）承兑汇票的时间期限是否与交易合同签署的时间对应、匹配。
（2）合同的标的内容是否与交易双方合法注册的经营范围相符合。
（3）申请承兑汇票的面额（或累计额）应小于或等于合同交易总金额。
（4）合同中注明的结算方式是否与汇票结算方式相吻合。
（5）合同中的收款人是否与汇票的收款人相对应。
2. 加强保证金账户管理，防范承兑到期兑付风险。
3. 严格对申请客户的授信调查。

实训操作

练习1：2018年12月31日，××市电力工业燃料公司业务员持相关资料到银行请求银行为其办理汇票承兑业务。申请开立以山东××煤炭公司为收款人，票面金额为35 000 000.00元的银行承兑汇票。提供的具体资料包括：（1）××市电力工业燃料公司法人营业执照、法人代码证书、税务登记证；（2）贷款证（卡）及密码；（3）××市电力工业燃料公司法定代表人身份证和身份证复印件；（4）经审计的××市电力工业燃料公司上年度及近期财务报表；（5）××市电力工业燃料公司章程和董事会决议；（6）担保、抵押材料凭证；（7）承兑申请书；（8）商品交易合同和有关货物发运单据。

假定你为该银行的业务经理，请认真审核客户提供的这份商品交易合同，并提出相关意见。

泰国进口煤供需合同

需方（甲方）：××市电力工业燃料公司　　　　　　　　合同编号：07132MNW109
　　　　　　　　　　　　　　　　　　　　　　　　　　签订地点：天津

供方（乙方）：沈阳××煤炭销售有限公司　　　　　　　签约时间：2018年2月5日
根据甲、乙双方就煤炭供需的具体事宜，通过友好协商，达成一致意见，共同签订本合同。
　　1. 煤炭品种：泰国进口煤。
　　2. 数量及交货期限。
　　2.1 交货期限：2018年12月24日—2019年1月14日。

2.2 交货日期指煤船抵达到港锚地之日。

2.3 数量： 3.0万吨 （以船装载实际数量为准）。

3. 质量标准。

3.1 标准规格及拒收范围。

质量项目	标准规格	拒收范围
高位发热量（QGR，AD）	≥25.926MJ/KG （6 200大卡/公斤）	<25.090MJ/KG （6 000大卡/公斤）
全水分（MT）	≤12%	>17%
挥发分（VAD）	28%~35%	<28%或>42%
全硫分（Stad）	≤0.7%	>0.9%
灰分（Aad）	<12%	>15%
灰熔点（ST）	>1 250℃	<1 200℃
哈氏可磨指数	>50	<48
焦渣特性	<5	>6
粒度（0~50mm）	100%	
机械杂质	无三大块杂质	有可见筛上大块杂质

3.2 质量任意一个项目参数处于或超出"第3.1条"拒收范围，参照本合同"第11条"规定执行。

4. 装运港及到达港。

装运港：QINMAI PEMANCLNGAN WATERS, THAILAND。

到达港：天津港。

5. 收货人、交货地点及方式。

5.1 收货人：××市电力工业燃料公司。

5.2 交货地点（即本合同履约地点）：天津汉沽码头。

5.3 按到岸交货方式交接。

6. 验收与数量、质量的确定。

6.1 计量验收由交货地商检机构检测船舶水尺计算实载重量。

以高位发热量计价的煤炭，结算数量＝验收数量。

6.2 质量验收委托交货地商检机构执行。

6.2.1 按"GB"或"ISO"标准在交货码头船上、堆场或输送皮带均衡抽样采样，现场制样。甲、乙双方可派代表到现场观察，但不能影响和干扰受委托方采、制、化工作在公平、公正、公开的原则下独立进行。

6.2.2 按"GB"或"ISO"标准在"第6.2条"所指机构化验室化验。化验结果为质量验收计价依据。

6.2.3 甲、乙双方对质检结果的异议，应以书面形式在质检报告报出后24小时内提出，若双方协商一致，取留存样送上一级商检机构复检。复检与原检发热量偏差小于120大卡/公斤，含硫小于0.1个百分点，则以复检结果为验收计价依据。

7. 价格。

7.1 结算价格＝到岸基本价。

7.2 到岸基本价：质量符合"第3.1条"标准的，QGR，AD＝25.926MJ/KG（6 200大卡/公斤）的煤炭， 到岸基本价647元/吨。

续表

8. 履约权利与责任
8.1 乙方负责煤船靠岸的海关手续，收货电厂提供协助。
8.2 在合同执行过程中，甲乙双方均有权对本合同提出书面修改意见，对此甲、乙双方应本着相互理解合作的精神进行协商，在双方未就修改意见达成一致及制作书面文件之前，提出的修改意见不得视为成立。
9. 结算及付款期限。
9.1 以一船煤为批次进行结算。
9.2 煤炭验收完毕后，乙方凭收货人开具的重量、质量验收凭证，船舶货物交货清单，质检机构检验单向甲方结算。
9.3 乙方需按结算价格开具全额增值税发票。
9.4 自办理完结算票据日起，==甲方在 20 个工作日内以电汇方式付清货款。==
10. 费用承担。
港建费、海关有关税费及到达港商检费等进口煤炭所需的一切费用由乙方承担。
11. 拒收程序。
11.1 煤船靠泊后，由乙方、收货人和质检机构共同到现场，由质检机构抽样，现场制样后分三份，质检机构一份，电厂收货人一份，留存备查样一份。
11.2 由质检机构快速化验，其结果作为是否收货的依据。
11.3 煤炭接卸过程中，发现某一煤层质量有异，收货人也可要求采取"第11.1条"和"第11.2条"的措施。
11.4 甲、乙双方对抽检质量有异议，也可提出并在 24 小时内完成留存样的复检程序，但由此造成的船舶滞期费由复检结果的败方承担。
12. 运输、风险及投保。
12.1 由大连海运船务公司承运本合同标的煤炭，运费为 8 美元/吨，乙方负责租船运输，船舶载重时应符合靠泊收货电厂码头的技术要求，否则造成的损失由乙方承担。
12.2 煤船到交货地点前，货物风险由乙方承担，乙方负责按每吨煤炭离岸基价投保，办理煤炭的海上运输保险，并承担保险费，以及在发生事故时的理赔工作。
12.3 因乙方原因不能供应"第2.3条"规定的煤炭数量，乙方应按少供货部分煤炭造成的甲方损失，支付甲方违约金。
12.4 因供货质量指标违约，按本合同有关拒收或扣价条款执行。
12.5 甲方不能按合同付款期付款，其延期部分按中国人民银行有关延期付款的规定向乙方支付违约金。
12.6 因乙方煤炭中"三大块"造成甲方卸煤设备发生事故造成的直接经济损失由乙方承担。
13. 争议解决。
13.1 按本合同规定应该偿付的违约金、赔偿金和各种经济损失，应当在明确责任后十天内，按银行规定的结算方法付清，否则按逾期付款处理。
13.2 甲、乙双方对执行合同的一切争执，应先通过友好协商解决。如协商未果，可由签订合同地法院管辖解决。
13.3 诉讼期间双方应继续履行本合同项下的义务。
14. 通知。
传递有关备货、船期、事故等信息时，双方应以传真或挂号邮传的形式，按本合同指定地址传递。
15. 合同生效。

续表

本合同经双方法定代表人或授权代表签署盖章后生效。有效期为本合同约定之供货期限。
16. 其他。
本合同正本一式两份，双方各执一份，副本六份，双方各执三份。

甲方：××市电力工业燃料公司	乙方：沈阳××煤炭销售有限公司
法定代表人：王刚	法定代表人：董振
授权委托代表：张健	**授权委托代表：刘晓声**
地址：_____	地址：_____
电话：0298217743	电话：02791872726
传真：_____	传真：_____
开户银行：××银行天津市青年路办事处	开户银行：××银行沈阳市五山办事处
账号：0938746	账号：012928367

（盖章：××市电力工业燃料公司 财务专用章）
（盖章：沈阳××煤炭销售有限公司 财务专用章）

相关分析：

结论：

练习2：2019年11月4日，四川××贸易公司业务员携带相关材料到××银行成都市双林办事处要求开具以南京市××贸易公司为收款人，金额为人民币380.8万元的银行承兑汇票，并办理承兑业务。经过银行审核，该公司的申请符合银行各项要求，同意为其办理承兑业务。假设你作为××银行成都市双林办事处的银行工作人员，请按要求规范地填以下的承兑协议。具体资料：四川××贸易公司，开户行：××银行成都市双林办事处；南京市××贸易公司，开户行：××银行南京市浦口分理处。汇票号码：A09382372，出票日为2019年11月5日；3个月后到期。

银行承兑协议

编号：<u>银0390239</u>

银行承兑汇票的内容：

出票人全称_____ 收款人全称_____

开户银行_____ 开户银行_____

汇票号码_____ 汇票金额（大写）_____

出票日期____年__月__日 到期日期____年__月__日

以上汇票经银行承兑，出票人愿遵守（支付结算办法）的规定及下列条款：

一、出票人于汇票到期日前将应付票款足额交存承兑银行。

二、承兑手续费按票面金额万分之（五）计算，在银行承兑时一次付清。

三、出票人与持票人如发生任何交易纠纷，均由其双方自行处理，票款于到期前仍按第一条办理不误。

四、承兑汇票到期日，承兑银行凭票无条件支付票款，如到期日之前出票人不能足额交付票款时，承兑银行对不足支付部分的票款转作出票申请人逾期贷款，并按照有关规定计收罚息。

五、承兑汇票款付清后，本协议自动失效。

承兑银行签章   出票人签章（已签）

                                       订立承兑协议日期____年__月__日

练习3：2019年10月8日，山东省××有限责任公司业务员持相关资料到银行请求银行为其办理汇票承兑业务。申请开立以桐乡××进出口公司为收款人，票面金额为13 500 000.00元的银行承兑汇票。提供的具体资料包括有：(1) 山东省××有限责任公司法人营业执照、法人代码证书、税务登记证；(2) 贷款证（卡）及密码；(3) 山东省××有限责任公司法定代表人身份证和身份证复印件；(4) 经审计的山东省××有限责任公司2018年度及近期财务报表；(5) 山东省××有限责任公司章程和董事会决议；(6) 担保、抵押材料凭证；(7) 承兑申请书；(8) 商品交易合同和有关货物发运单据。

假定你为该银行的票据业务人员，请认真审核客户提供的这份商品交易合同，并提出相关的审核意见。

双茧蚕丝棉被供需合同

需方（甲方）：山东省××有限责任公司　　　　　　　合同编号：7602MNW6109

　　　　　　　　　　　　　　　　　　　　　　　　签订地点：山东青州

供方（乙方）：桐乡××进出口公司　　　　　　　　　签约时间：2019年10月9日

根据甲、乙双方就蚕丝棉供需的具体事宜，通过友好协商，达成一致意见，共同签订本合同。

1. 丝绸品种：桐乡双茧蚕丝棉被。
2. 数量及交货期限。
2.1　交货期限：2019年11月23日—2019年12月13日。
2.2　交货日期指运输货车抵达目的地之日。
2.3　数量：1.5万件。
3. 装运地及到达港。
装运地：福州市桐乡××进出口公司2号仓库。
到达地：青州市。
4. 收货人、交货地点及方式。
4.1　收货人：山东省××有限责任公司。
4.2　交货地点（即本合同履约地点）：青州市大南路××有限责任公司仓库。
4.3　按惯例交货方式交接。
5. 价格。
结算价格：双茧蚕丝被基本价：500元/件。
6. 履约权利与责任。
在合同执行过程中，甲、乙双方均有权对本合同提出书面修改意见，对此甲、乙双方应本着相互理解合作的精神进行协商，在双方未就修改意见达成一致及制作书面文件之前，提出的修改意见不得视为成立。
7. 结算及付款期限。
7.1　乙方需按结算价格开具全额增值税发票。
7.2　自办理完结算票据日起，甲方在10个工作日内以电汇方式付清货款。
8. 运输、风险及投保。
8.1　由江苏飞达货运公司承运本合同标的双茧蚕丝被，运费为400元/车，乙方负责租车运输，车辆载重量应符合国家道路管理运输的技术要求，否则造成的损失由乙方承担。
8.2　货车到达交货地点前，货物风险由乙方承担，乙方负责按每车蚕丝被基价投保，办理蚕丝被的路上运输保险，并承担保险费，以及在发生事故时的理赔工作。
9. 违约责任。
9.1　甲方不能按合同付款期付款，其延期部分按中国人民银行有关延期付款的规定向乙方支付违约金。

9.2 因乙方产品质量造成甲方的声誉及直接经济损失由乙方承担。
10. 争议解决。
10.1 按本合同规定应该偿付的违约金、赔偿金和各种经济损失,应当在明确责任后十天内,按银行规定的结算方法付清,否则按逾期付款处理。
10.2 甲、乙双方对执行合同的一切争执,应先通过友好协商解决。如协商未果,可由签订合同地法院管辖解决。
10.3 诉讼期间双方应继续履行本合同项下的义务。
11. 通知。
传递有关备货、车次、事故等信息时,双方应以传真或挂号邮传的形式,按本合同指定地址传递。
12. 合同生效。
本合同经双方法定代表人或授权代表签署盖章后生效。有效期为本合同约定之供货期限。
13. 其他。
本合同正本一式两份,双方各执一份,副本六份,双方各执三份。

甲方:山东省××有限责任公司	乙方:桐乡××进出口公司
法定代表人:孙犁	法定代表人:刘振江
授权委托代表:无	授权委托代表:无
地址:_____	地址:_____
电话:0298217743	电话:02791872726
传真:_____	传真:_____
开户银行:××行青州市青年路办事处	开户银行:××行桐乡市盘渡办事处
账号:087-65093-8746	账号:234-292-8367

相关分析:

结论:

项目二

商业汇票贴现业务

一、实训准备

(一) 商业汇票贴现的知识点

1. 商业汇票贴现的基本概念。商业汇票的贴现是指商业汇票的合法持票人,在票据到期前为了获取票款,由持票人向金融机构贴付一定的利息后,以背书方式所做的票据转让。

2. 商业汇票贴现的基本特征,见图 2-1。

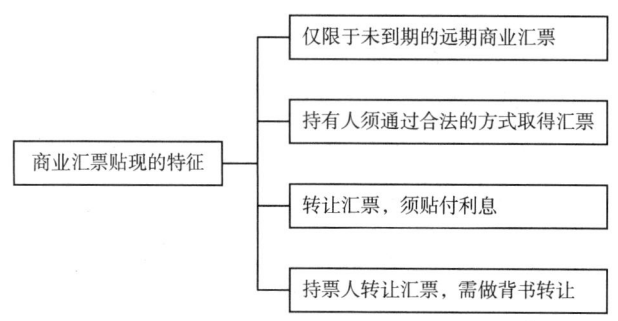

图 2-1　商业汇票贴现的特征

(二) 商业汇票贴现的业务流程

1. 银行承兑汇票贴现流程。

(1) 业务概述。银行承兑汇票贴现是指银行承兑汇票的持有人在汇票到期日前,为了取得资金,通过贴付一定利息将票据权利转让给银行的业务行为。

(2) 客户需提供的资料,见图 2-2。

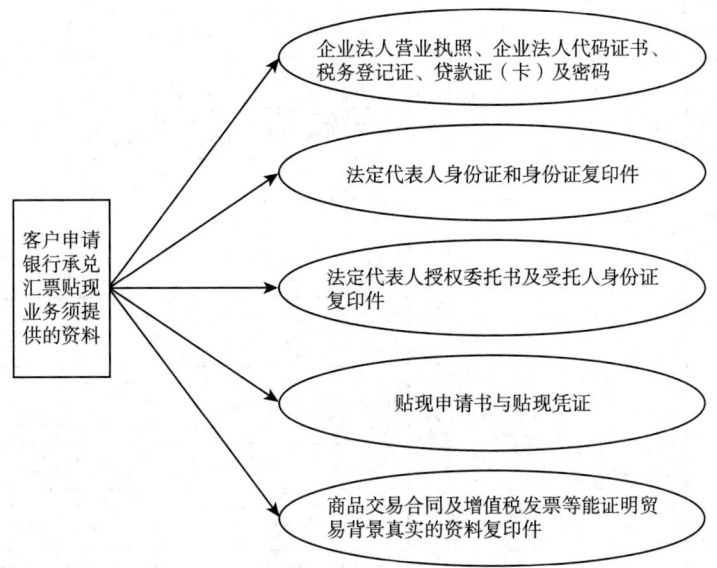

图 2-2　银行承兑汇票贴现客户应提供的资料

(3) 银行承兑汇票贴现业务流程，见图 2-3。

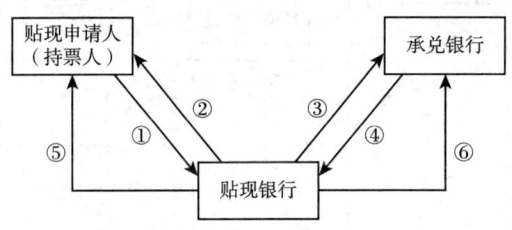

图 2-3　银行承兑汇票贴现业务流程

(4) 业务流程说明，见图 2-4。

步骤1：贴现申请人在贴现银行开立结算账户，提出贴现申请，提交相关资料；填写贴现申请审批书，并在贴现申请审批书上签章。

步骤2：贴现银行对贴现资料进行审查、答复。经办的客户经理进行审查（内容详见图2-1至图2-3），确认其贸易背景真实及相关资料的合法、合规。

步骤3：贴现银行就贴现票据向承兑行发出承兑查询。

步骤4：银行收到承兑行查复，审查无误后，经办的客户经理填制贴现凭证并在申请审批书和贴现凭证上签名，同时计算贴现利息和实付金额，然后由业务部门负责人进行审批签名。由相关风险管理部门进行复审，会计部门核实无误后最后由主管领导在审批书上签字，通知有关部门划款。

步骤5：办理贴现手续，发放贴现款项。

步骤6：票据到期贴现银行向承兑行办理托收。

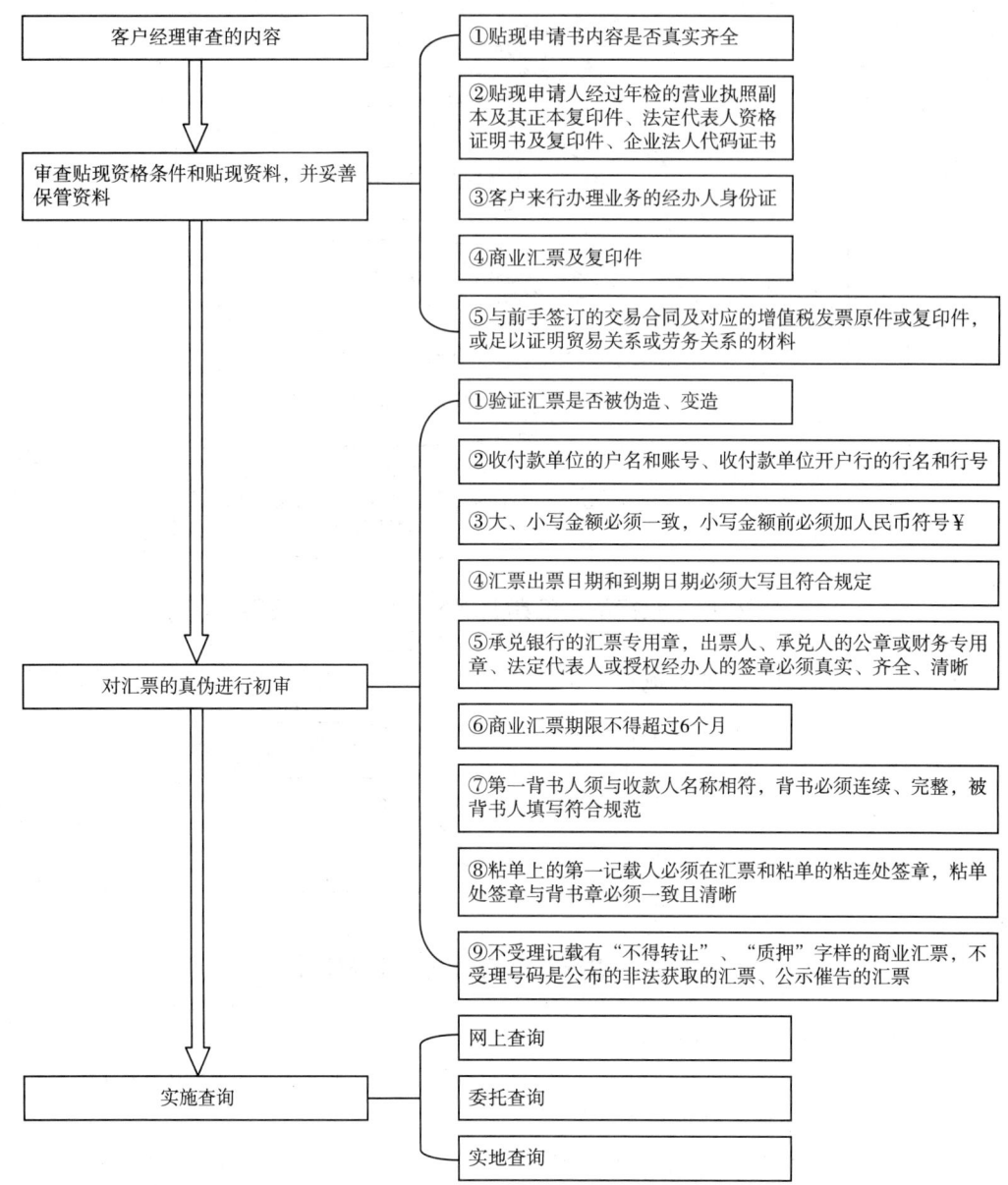

图 2-4 客户经理对贴现资料及汇票审查的具体内容

（5）关于查询的特别说明。

网上查询。系统内签发的银行承兑汇票，汇票审查经办人应当通过电子联行系统向承兑行查询。查复后在查询申请书和审批书上签字并立刻通知业务人员。

委托查询。系统外签发的银行承兑汇票，票审经办人根据人行规定及时委托相关银行办理查询。（先横后直）

实地查询。业务部门认为必要时可对有关票据进行实查，需派两人到承兑行或出票人实地查询，对票据的真实性进行核查。外出实查时，查询人员要严防票据"调包"。实查人员回来后,业务部门应安排专人(非实查人员)再进行一次电话查询,并在审批书上签字。无误后方可办理审批手续。

查复书应附在审批书后。

(6)关于计息的特别说明。

特别说明1:贴现利息计算公式表示为:

贴现利息 = 票面金额 × 贴现期限(天)× 日利率

实付贴现金额 = 票面金额 - 贴现利息

特别说明2:贴现期限 = 贴现日至票据到期日(算头不算尾)。承兑人在异地的另加3天的划款日期,贴现到期日遇节假日顺延(到期日若是在周五则计息天数不另加,在周六则加2天,在周日加1天)。

2. 商业承兑汇票贴现。

(1)业务概述。商业承兑汇票贴现是指商业承兑汇票的持有人,在汇票到期之日前,为取得资金,通过贴付一定利息将票据权利转让给贴现银行的业务行为。

(2)客户需提供的资料。

资料1:企业法人营业执照、企业法人代码证书、税务登记证、贷款证(卡)及密码;

资料2:法定代表身份证和身份证复印件;

资料3:法定代表人授权委托书及受托人身份证复印件;

资料4:贴现申请书;

资料5:商品交易合同及增值税发票等能证明贸易背景真实的资料复印件。

(3)商业承兑汇票贴现业务流程,见图2-5。

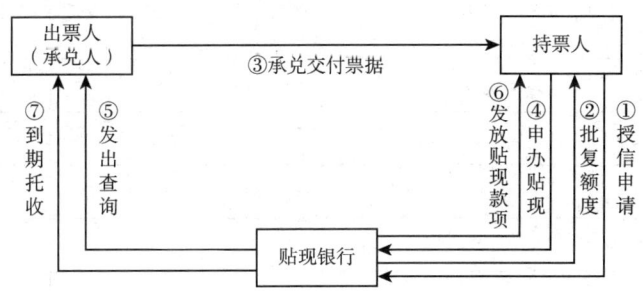

图2-5 商业承兑汇票贴现业务流程

(4)业务流程说明。

步骤1:持票人在贴现银行开立结算账户,提出授信申请,提交相关资料;

步骤2:贴现银行根据授信业务有关规定对持票人实施授信,确定授信额度;

步骤3:出票人向持票人承兑交付票据;

步骤4:持票人持商业承兑汇票及能够证明贸易背景真实的资料复印件前来银行申办贴现;

步骤5:贴现银行向承兑人发出查询,审查确认票据和贸易背景真实、有效;

步骤6:办理贴现手续,发放贴现款项;

步骤7:票据到期贴现银行向承兑人办理托收。

（三）商业汇票贴现的文件示样

示样：实训2-1 银行商业汇票贴现申请书

商业汇票贴现申请书　　　　　　　　　　编号：

申请人全称		法定代表人	
企业性质		地址	
经营范围			
开户行及账号			
申请人将以下汇票申请贴现			
项　目　＼　汇票序号、种类			
汇票号码			
出票人全称			
开户行及行号			
出票日期			
到期日期			
承兑人全称			
开户行及行号			
交易合同字号			
增值税发票号			
发运单据号			
汇票金额（大写）			

　　现将我单位持有的上述内容汇票向你行申请贴现，并保证该票据真实、合法、有效。如票据到期不获付款，将由我单位承担全部赔偿责任。请予以审核受理。

　　　　　　　　此致
　　贴现银行

　　　　　　　　　　　　　　　　　　　　　　　　申请人（盖章）：
　　　　　　　　　　　　　　　　　　　　　　　　法定代表人：
　　　　　　　　　　　　　　　　　　　　　　　　或授权代理人：
　　　　　　　　　　　　　　　　　　　　　　　　年　月　日
　　联系人：　　　　　　　　　　　　　　　　　　联系电话：

示样：实训2-2 银行商业汇票贴现申请审批书

××银行商业汇票贴现申请审批书

年 月 日　　　　　　　　　　　　　　　　　　　　　编号：

贴现单位名称		联系电话	
办公室地址		传真号码	
汇票张数（清单）	银行承兑汇票__张，商业承兑汇票__张	利率（‰）	
合计金额（大写）			
申请单位意见	贴现清单所列票据为我单位严格按《票据法》和相关法律法规善意取得，具有真实合法、完整有效的交易背景及相关资料。如到期承兑人不能按期承付，由我单位按《票据法》、《支付结算办法》等有关规定全额承付并承担一切赔偿责任。 　　　　　　　　　　　　授权经办人：　　　　　　　　负责人： （公章）		
查询经办人	已经（1）系统内网上查询；（2）委托查询；（3）实地查询。票面要素相符，票据真实。	签名	
客户经理	票据真实、合规，资料合格、齐全，凭证填写正确，已验证贴现申请人身份，同意《贴现清单》所列票据贴现。利率、贴现金额见《贴现清单》。		
票据业务部门负责人	经审查票据真实、合规，资料齐全，凭证填写正确，同意按《贴现清单》所列票据贴现。		
相关部门复审	已复审收妥贴现清单所列票据。复核贴现凭证、票面金额、贴现利息、实付金额，计算填写正确。		
主管领导审批	符合贴现条件，同意办理。		

注：如系商业承兑汇票贴现须在银行授信额度内，且审查授信协议或贴现合同后附复印件。

示样：实训2-3 银行承兑汇票贴现调查、审（报）批表

银行承兑汇票贴现调查、审（报）批表

贴现行：商业银行××支行营业部　　　　　　年　月　日　　　　　　　　金额单位：万元

客户部门调查	贴现申请人全称				
	出票人			收款人	
	出票人账号			汇票号码	
	付款行名称			付款行行号	
	票面金额			承兑协议编号	
	出票日期			到期日期	
	贴现申请人	基本情况	法定代表人		注册资本	
			经营范围		单价性质	
		主要财务数据（近期）	总资产		总负债	
			所有者权益		资产负债率	
			上年销售收入		上年净利润	
		信用状况	信用等级		本年授信额度	
			银行信用余额		银行贴现余额	
			银行存款余额		贷款五级分类形态	
			与本行合作情况			

续表

	交易事项基本内容				
客户部门调查	交易合同及发票审核	合同签订时间		发票开立时间	
		交易是否属于双方经营范围		发票种类	
		合同编号		发票号码	
		合同金额		发票金额	
		合同履行情况			
	是否以边贴现边查询方式办理				
	风险分析及防范措施				
	综合效益分析				
	其他事项				
	调查人： 年 月 日			客户部门负责人： 年 月 日	
会计部门审核	票据要素是否齐全合规			背书是否连续	
	出票人印章是否清晰有效			是否到期	
	防伪验证是否通过			电话或传真核实情况	
	密押核对情况			书面查询查复情况	
	审核结论： 会计员： 年 月 日			会计部门负责人： 年 月 日	
审查审批	经办行	审查人： 部门负责人： 年 月 日 年 月 日		行长或主管副行长： 年 月 日	
	上级行	报备意见： 审查人： 部门负责人： 年 月 日		审批意见： 行长或主管副行长： 年 月 日	

示样：实训 2-4 商业汇票贴现合同

商业汇票贴现合同

银贴字（ ）第 号

申请人（全称）：＿＿＿＿＿＿＿＿＿＿＿＿＿＿＿＿

贴现人（全称）：中国××银行＿＿＿＿＿＿＿＿＿＿＿＿＿

经申请人与贴现人协商一致，根据有关法律法规及中国人民银行有关规章的规定，签订本合同，共同遵守。

第一条 贴现人同意贴现下列内容的商业汇票（若为多笔贴现，详见《商业汇票贴现清单》）。

出票人全称：_____ 收款人全称：_____
账　　　号：_____ 账　　　号：_____
开　户　行：_____ 开　户　行：_____
行　　　号：_____ 行　　　号：_____
汇票号码：_____ 汇票金额：_____
出票日期：_____年__月__日 到期日期：_____年__月__日
承兑人全称：_____ 贴现保证人：_____
贴　现　率：_____ 贴现期限：_____
扣收贴现金额：_____ 实得贴现金额：_____

第二条 申请人承诺

1. 申请贴现的商业汇票及向贴现人提交的商品交易合同、增值税专用发票和商品发运单据真实、合法、有效。
2. 与出票人或直接前手之间具有真实的商品交易关系。
3. 票据的取得无恶意或重大过失。
4. 根据贴现人要求，提交真实的资产负债表、损益表、现金流量表及所有开户行的账号、存款余额等资料。
5. 如承兑人在异地，贴现期限及贴现利息的计算均另加3天的划款日期。
6. 法律法规规定应当承担的其他义务。

第三条 申请人违反上述任一承诺事项时，贴现人有权依法向申请人主张票据权利，提前扣收票款。

第四条 汇票到期不获付款的，贴现人可向申请人和其他票据债务人主张票据权利，追索票款及相关费用。

第五条 本合同项下的贴现款项及相关费用的担保方式为_____，担保合同另行签订。

第六条 本合同自双方签字或盖章之日起生效。

第七条 本合同履行中发生争议，应由双方协商解决；协商不成的，由贴现人住所地法院管辖。

第八条 其他事项：_____
_____
_____
_____。

第九条 本合同一式_____份，双方各执一份，担保人一份，_____份，效力相同。

第十条 提示。

贴现人已提请申请人注意对本合同印就条款作全面、准确的理解，并应申请人的要求做了相应的条款说明。签约各方对本合同的含义认识一致。

续表

申请人（盖章）： 法定代表人： 或授权代理人：	贴现人（盖章）： 负责人： 或授权代理人： 签约日期：　　年　月　日 签约地点：

示样：实训 2-5 银行承兑汇票查询（复）书

××××行：

你行　年　月　日承兑的号码为　　的银行承兑汇票，票面主要记载事项为：

出票日期		汇票到期日	
出票人全称		收款人全称	
付款行全称		汇票金额	
以上记载事项是否真实，请见此查询后，速查复 查询行签章： 经办人签章： 查询日期：　　年　月　日		1. 查询汇票记载事项与我行承兑的内容一致。 2. 与我行承兑的汇票所不符的记载事项。 3. 其他。 查复行签章： 经办人签章： 查复日期　　年　月　日	

示样：实训 2-6 支付结算通知、查询查复书

通知
支付结算　　　　　　书（第　联）
查询查复

主送：
抄送：　　　　　　　填发日期　　　　　　　　　　　　年　月　日

结算种类		凭证号码	
凭证日期		凭证金额	
付款人名称		收款人名称	
付款人账号		收款人账号	
通知（或查询查复）事由： 　　　　　　　　　　填发银行签章 　　　　　　　　　　　　复核　　　　经办			

说明：本联做支付结算通知书时，将"查询查复"字样划去；做查询书时，将"通知"、"查复"字样划去；做查复书时，将"通知"和"查询"字样划去。

示样：实训2-7 贴现凭证

贴 现 凭 证（贷方凭证）　　　　　　2

申请日期　　年 月 日　　　　　　　　　　第　　号

贴现汇票	种类		号码						持票人	名称									
	出票日		年	月		日				账号									
	到期日		年	月		日				开户行									
汇票承兑人	名称						账号					开户银行							
汇票金额	人民币（大写）												千	百	十	万	千	百	十	元	角	分
贴现率	‰	贴现利息	千	百	十	万	千	百	十	元	角	分	实付贴现金额	千	百	十	万	千	百	十	元	角	分
备注：								科目（贷）_____ 对方科目（借）_____ 复核　　　记账											

此联银行作持票人账户贷方凭证

10×17.5厘米（白纸红油墨）

示样：实训2-8 商业汇票的背书及背书连续

（贴粘单处）

二、实训项目

（一）实训目标

1. 了解办理银行承兑汇票、商业承兑汇票贴现业务的申请、办理等基本程序和所需资料。
2. 掌握汇票贴现业务的审核要求及风险防范控制等制度要求。
3. 掌握银行与客户间汇票贴现协议、合同的规范填写要求。
4. 掌握查询书、贴现凭证、合同、贴现清单等贴现文件的规范填写。

（二）实训的要点提示

1. 对于商业承兑汇票的贴现业务，申请人必须取得贴现银行相应授信额度，对未取得银行授信的客户不得办理此项业务以杜绝风险隐患。

2. 审查贸易背景真实性，注意监控贴现资金流向，确保票据业务合规。

3. 计算贴现利息的重点是保证计息天数的准确性，注意承兑人在异地的要加收票款的在途时间和节假日顺延时间。

4. 对异地企业主动到银行要求办理贴现业务的，一定要认真调查企业的背景，不得先贴后查。

5. 商业汇票的查询，要严格按照人民银行规定的方法办理。实地查询必须双人办理，相关部门要安排第三人电话复查，电话号码需通过出票地当地114台查询。

实训操作

练习1：2018年9月19日，大连市××电子管厂业务员持一张银行承兑汇票（号码 A23412345）及相关申请资料到中国建设银行大连分行要求办理票据贴现业务，用于工厂购买原材料。假定你为中国建设银行大连分行票据中心的业务员夏溢，当即需要对该汇票进行查询。试根据资料填写银行承兑汇票查询书。

银行承兑汇票

出票日期　贰零壹捌年零玖月壹拾日（大写）

A 23412345
第　号

出票人全称	南京市××工厂			收款人	全称	大连市××电子管厂	
出票人账号	234-654-909				账号	0456-345-87	
付款行全称	工行上海市徐汇办事处	行号	228392		开户行	中行大连市××分理处	行号 309382

汇票金额	人民币（大写）　贰佰捌拾万元整	千百十万千百十元角分 ¥ 2 8 0 0 0 0 0 0 0

汇票到期日	贰零壹捌年壹拾贰月壹拾日	本汇票已经承兑，到期日由本行付款	承兑协议编号 30239
本汇票请你行承兑到期无条件付款		工商银行上海市徐汇办事处	科目（借）_____ 对方科目（贷）_____ 转账　年　月　日 复核　　记账

出票人签章　罗素
2018年9月10日

承兑行签章　周炜
承兑日期 2018年9月10日

银行承兑汇票查询（复）书

××××行：

你行　　年　月　日承兑的号码为　　　的银行承兑汇票，票面主要记载事项为：

出 票 日 期		汇票到期日	
出票人全称		收款人全称	
付款行全称		汇票金额	
以上记载事项是否真实，请见此查询后，速查复 查询行签章： 经办人签章：		1. 查询汇票记载事项与我行承兑的内容一致。 2. 与我行承兑的汇票不符的记载事项。 3. 其他。 查复行签章： 经办人签章：	
查询日期：　　年　月　日		查复日期：　　年　月　日	

练习2：（接上题）假定经过承兑银行回复确认后，贴现银行确认该汇票是真实的。此外大连市××电子管厂申请贴现的材料也符合银行的相关要求，主管领导审批后同意以贴现利率2.15%为其办理贴现业务。假定你作为中国建设银行大连分行票据中心的业务员，请根据相关票据的资料，填制贴现凭证及合同报领导审批，该贴现业务的发生日为：2018年9月21日。

银行承兑汇票贴现合同

贴现申请人：_____（以下简称"甲方"）

住所：_____

邮政编码：_____

法定代表人：伍华

电话：123456

传真：132456

开户银行：

账号：

贴现人：中国建设银行大连分行_____（以下简称"乙方"）

住所：_____

_____

邮政编码：_____

法定代表人/主要负责人：××

电话：638719

传真：178291

甲方向乙方申请银行承兑汇票贴现，甲、乙双方协商一致，达成本协议：

第1条 本协议项下申请贴现的银行承兑汇票如下：

汇票号码	票面金额	出票人	出票日期	承兑银行	到期日期

第2条 本协议项下银行承兑汇票的贴现利率为_____，贴现期限内，如遇国家调整利率，本协议项下贴现利率不做调整。

第3条 本协议项下的银行承兑汇票的贴现期限_____天，即从_____年__月__日起至_____年__月__日止。

第4条 甲、乙双方同意按贴现票面金额、贴现利率、贴现期限计算贴现利息，从票面金额中扣除贴现利息后的余额即为实付贴现金额，贴现当日，乙方将贴现金额贷记甲方存款账户。

第5条 本协议项下的银行承兑汇票的贴现利息为_____，实付贴现金额为（大写）_____元。

第6条 本协议项下的贴现资金用途：_____。

第7条 甲方的保证：
1. 甲方为企业法人或其他经济组织，并依法从事经营活动；
2. 甲方向乙方申请贴现的承兑汇票及其他申请材料是真实的；
3. 甲方取得前款所述的承兑汇票是合法的，且有真实、合法的商品交易作基础；
4. 甲方在乙方处已开立存款账户；
5. 已贴现的承兑汇票遭拒付，甲方按本协议第9条的约定向乙方承担支付责任。

第8条 甲方的权利和义务
1. 申请贴现时甲方应向乙方提交承兑汇票及相对应增值税发票，并根据乙方要求提交甲方企业设立情况、资信、财务状况、有关商品交易合同等资料。
2. 贴现时甲方应真实有效地完成票背书转让行为。且背书时不得附加任何条件。
3. <u>甲方应负责所申请贴现的银行承兑汇票背书的连续性和其前手背书的真实性。</u>

第9条 乙方的权利和义务
1. 乙方对甲方提交的承兑汇票，有权按规定向承兑银行以书面方式查询。
2. 在本协议生效后，应及时将贴现金额贷记甲方账户。
3. 银行承兑汇票贴现后在汇票到期日前如遇承兑人宣告破产或被责令终止业务活动或在汇票到期时限拒绝付款，乙方对甲方行使票据追索权时，有权要求甲方支付下列金额及费用：
(1) 被拒绝付款的汇票票面金额。
(2) 汇票票面金额自贴现期限到期日起至清偿日止。按 <u>万分之五</u> 计算逾期利息。
(3) 乙方为行使追索权而支付的诉讼费、律师费、差旅费和其他一切相关费用。
(4) 赔偿其他经济损失。

第10条 协议双方在履行本协议中如发生纠纷，双方可协商解决；如协商不成需诉讼的，由乙方所在地法院管辖。

第11条 计算贴现利息及贴现金额的贴现凭证为本协议的组成部分。

续表

第12条 本协议未尽事宜，遵照《中华人民共和国票据法》及相关法律规范执行。
第13条 本协议自甲、乙双方法定代表人/主要负责人或其委托代理人签字并加盖公章后生效。
第14条 本协议于_____年__月__日在_____签订。

甲方：　　　　　　　（盖章）　　　　　　乙方：　　　　　　　　　（盖章）

法定代表人：　　　　　　　　　　　　　　法定代表人/主要负责人：　　　（签字）

（或委托代理人）　　　（签字）　　　　　（或委托代理人）

_____年__月__日　　　　　　　　　　　　　　　　　　　　_____年__月__日

练习3：2019年7月22日，海口市××公司业务员持一张商业承兑汇票（号码A00230354600007）及相关申请资料到同城的中国农业银行海南分行要求办理票据贴现业务，用于公司进口印度纺织品。假定经过该银行票据承兑查询核实无误后，认为该公司申请贴现的材料符合银行的相关要求，主管领导审批后同意为其办理贴现业务，贴现利率为2.07%，你现在作为中国农业银行海南分行票据中心的业务员，请根据相关票据的资料，填制贴现凭证及合同报领导审批，该业务的发生日为：2019年7月23日。

商业承兑汇票

出票日期　贰零壹玖年零柒月零捌日　　　A 00230354600007
（大写）　　　　　　　　　　　　　　　　第　　号

付款人	全称	广州市××公司	收款人	全称	海口市××公司
	账号	233-2039-203		账号	239-039-230
	开户银行	中行广州市××办事处　行号 43234		开户行	农行海口市××办事处　行号 33283

出票金额	人民币（大写）　壹佰玖拾万元整	千百十万千百十元角分 ¥1 9 0 0 0 0 0 0 0

汇票到期日	贰零壹玖年零玖月零捌日	交易合同号码	320932

本汇票已经承兑，到期无条件支付票款　　　　　本汇票请予以承兑于到期日付款

（广州市××公司财务专用章）　　　　　　　　（海口市××公司财务专用章）

余味　　　　　　　　　　　　　　　　　　　　邓珊
承兑人签章　　　　　　　　　　　　　　　　　出票人签章

承兑日期　2019年7月8日

贴 现 凭 证（贷方凭证） 2

申请日期　　年　月　日　　　　　　　　第　号

贴现汇票	种类		号码		持票人	名称	
	出票日	年　月　日				账号	
	到期日	年　月　日				开户银行	

汇票承兑人	名称		账号		开户银行	
汇票金额	人民币（大写）				千百十万千百十元角分	
贴现率	‰	贴现利息	千百十万千百十元角分	实付贴现金额	千百十万千百十元角分	

备注：

科目（贷）　　企业存款

对方科目（借）票据贴现

复核　　　　记账

此联银行作持票人账户贷方凭证

商业承兑汇票贴现协议

贴现申请人：＿＿＿＿＿＿＿＿＿＿＿＿＿＿＿＿＿（以下简称"甲方"）

住所：＿＿＿＿＿＿＿＿＿＿

邮政编码：＿＿＿＿＿＿＿＿＿＿

法定代表人：

电话：

传真：

开户银行：

账号：

贴现人：中国农业银行海南分行＿＿＿＿＿＿＿＿＿＿（以下简称"乙方"）

住　所：＿＿＿＿＿＿＿＿＿＿＿＿＿＿

邮政编码：＿＿＿＿＿＿＿＿＿＿

法定代表人/主要负责人：

电话：

传真：

　　甲方向乙方申请商业承兑汇票贴现，甲、乙双方协商一致，达成本协议：

第1条　本协议项下申请贴现的商业承兑汇票如下：

续表

汇票号码	票面金额	出票人	出票日期	承兑银行	到期日期

第2条 本协议项下商业承兑汇票的贴现利率为_____，贴现期限内，如遇国家调整利率，本协议项下贴现利率不做调整。

第3条 本协议项下的商业承兑汇票的贴现期限_____天，即从_____年__月__日起至_____年__月__日止。

第4条 甲、乙双方同意按贴现票面金额、贴现利率、贴现期限计算贴现利息，从票面金额中扣除贴现利息后的余额即为实付贴现金额，贴现当日，乙方将贴现金额贷记甲方存款账户。

第5条 本协议项下的商业承兑汇票的贴现利息为_____，实付贴现金额为（大写）_____元。

第6条 本协议项下的贴现资金用途：_____。

第7条 甲方的保证
1. 甲方为企业法人或其他经济组织，并依法从事经营活动；
2. 甲方向乙方申请贴现的承兑汇票及其他申请材料是真实的；
3. 甲方取得前款所述的承兑汇票是合法的，且有真实、合法的商品交易作基础；
4. 甲方在乙方处已开立存款账号；
5. 已贴现的承兑汇票遭拒付，甲方按本协议第9条的约定向乙方承担支付责任。

第8条 甲方的权利和义务
1. 申请贴现时甲方应向乙方提交承兑汇票及相对应增值税发票，并根据乙方要求提交甲方企业设立情况、资信、财务状况、有关商品交易合同等资料。
2. 贴现时甲方应真实有效地完成票据背书转让行为。且背书时不得附加任何条件。
3. 甲方应负责所申请贴现的商业承兑汇票背书的连续性和其前手背书的真实性。

第9条 乙方的权利和义务
1. 乙方对甲方提交的商业承兑汇票，有权按规定向承兑银行以书面方式查询。
2. 在本协议生效后，应及时将贴现金额贷记甲方账户。
3. 商业承兑汇票贴现后在汇票到期日前如遇承兑人宣告破产或被责令终止业务活动或在汇票到期时遭拒绝付款，乙方对甲方行使票据追索权时，有权要求甲方支付下列金额及费用：
（1）被拒绝付款的汇票票面金额。
（2）汇票票面金额自贴现期限到期日起至清偿日止。按___万分之五___计算逾期利息。
（3）乙方为行使追索权而支付的诉讼费、律师费、差旅费和其他一切相关费用。
（4）赔偿其他经济损失。

第10条 协议双方在履行本协议中如发生纠纷，双方可协商解决；如协商不成需诉讼的，由乙方所在地法院管辖。

第11条 计算贴现利息及贴现金额的贴现凭证为本协议的组成部分。

续表

第 12 条　本协议未尽事宜，遵照《中华人民共和国票据法》及相关法律规范执行。
第 13 条　本协议一式两份，甲方、乙方各执一份，具有同等法律效力。
第 14 条　本协议自甲、乙双方法定代表人/主要负责人或其委托代理人签字并加盖公章后生效。
第 15 条　本协议于_____年__月__日在_____签订。

甲方：　　　　　　　　　（盖章）　　　　　　乙方：　　　　　　　　　　　（盖章）

法定代表人：　　　　　　　　　　　　　　　　法定代表人/主要负责人：　　　　（签字）

（或委托代理人）　　　（签字）　　　　　　　（或委托代理人）

_____年__月__日　　　　　　　　　　　　　　　　　　　　　　　　_____年__月__日

项目三

商业汇票转贴现、再贴现业务

一、实训目的

(一) 商业汇票转贴现业务知识点

1. 商业汇票转贴现的基本概念。转贴现是指金融机构为了取得资金,将未到期的已贴现的商业汇票再以贴现方式向另一家金融机构转让的交易行为,是金融机构调节头寸、融通资金的一种形式。

由于商业汇票的付款期限最长不超过6个月,所以转贴现的最长期限也要短于6个月。转贴现利率通常由交易的商业银行双方自主商定。转贴现的实付金额是按汇票票面金额扣除转贴现日至汇票到期日前一日(节假日顺延)的利息计算,如承兑人是在异地的,则转贴现期限以及利息计算应另加3天的划款日期。

2. 转贴现业务的基本分类。目前我国商业银行参与的汇票转贴现业务主要包括票据转贴现(买断)和票据回购两种类型,见图3-1。

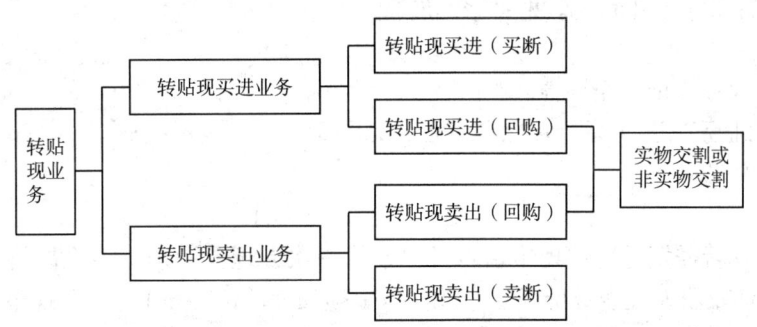

图3-1 汇票转贴现业务的基本分类

汇票转贴现(买断),是指甲方购买乙方已贴现(或转贴现)而尚未到期的商业汇票,到期由甲方负责收款的交易行为。甲方为转贴现买进方,乙方则为转贴现卖出方。

汇票转贴现（回购），是指票据出售方在出售汇票的同时和汇票的购买者签订协议，约定在一定期限后按照商定的价格与方式购回汇票的业务行为。按照交割的方式，可以分为实物交割和非实物交割两种形式。

实物交割是指回购双方在进行交易时，交易的汇票由卖出回购方交付给买入返售方，回购协议到期时将汇票再赎回的过程。而非实物交割则不进行票据的转移，由卖出回购方和上级监管行共同就地封存保管拟交易的汇票，回购期满，划付回购款项后，将汇票解封的过程（可参见、对比封闭式与开放式国债回购的内容）。

3. 商业银行转贴现业务的办理要求，见图3-2。

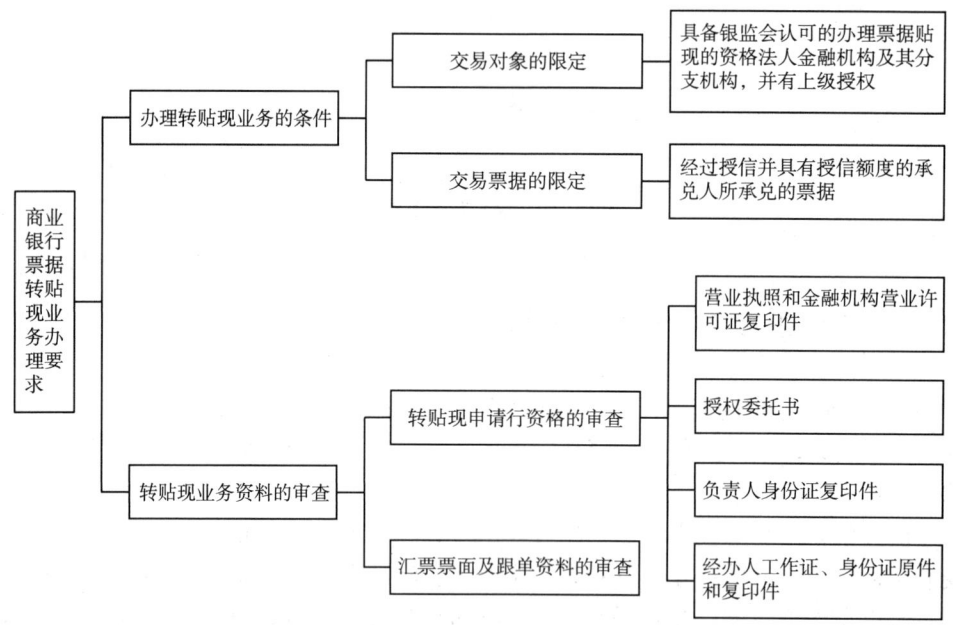

图3-2 商业银行票据转贴现业务的办理要求

（二）商业汇票转贴现业务流程

1. 转贴现业务买进操作流程。

A. 转贴现业务买进（买断）操作流程，见图3-3。

业务流程说明

步骤1：

（1）转贴现行需填写转贴现申请审批书，第一次办理业务须提供金融许可证、营业执照、企业代码证及法人代表身份证复印件（以上须加盖单位公章）、转贴现申请审批书、法人授权书或介绍信、经办人身份证复印件。

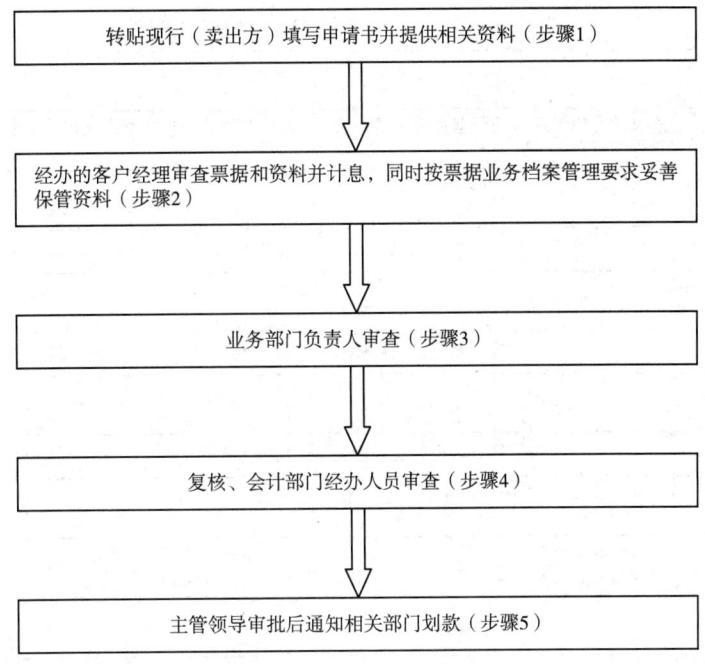

图 3-3 转贴现业务买进（买断）操作流程

（2）提供本次转贴现所涉及商业票据的原件和复印件，相对应的查询书、贴现凭证、购销合同、增值税发票复印件。

（3）提供对方银行认可的转贴现合同一式两份，转贴现票据清单一式两份及本次转贴的贴现凭证。

步骤2：

（1）客户经理对转贴现行提供的商业票据的真假及资料的合规性进行审查并在审批书上签署意见。

（2）客户经理计算转贴现利息和实付金额，填写贴现凭证并在贴现凭证上签字。

步骤3：

业务部门负责人对转贴行提供的票据和资料进行复查，并对贴现利息进行复核后在审批书和贴现凭证上签字。

步骤4：

相关部门经办人员审验收存票据，复核利息和实付金额，核对合同，并在审批书和贴现凭证上签字。

步骤5：

上述审查复核程序完成后，交主管领导审批，并在审批书、贴现凭证上签字，通知有关人员划款。

B. 转贴现业务买进（回购）操作流程，见图3-4。

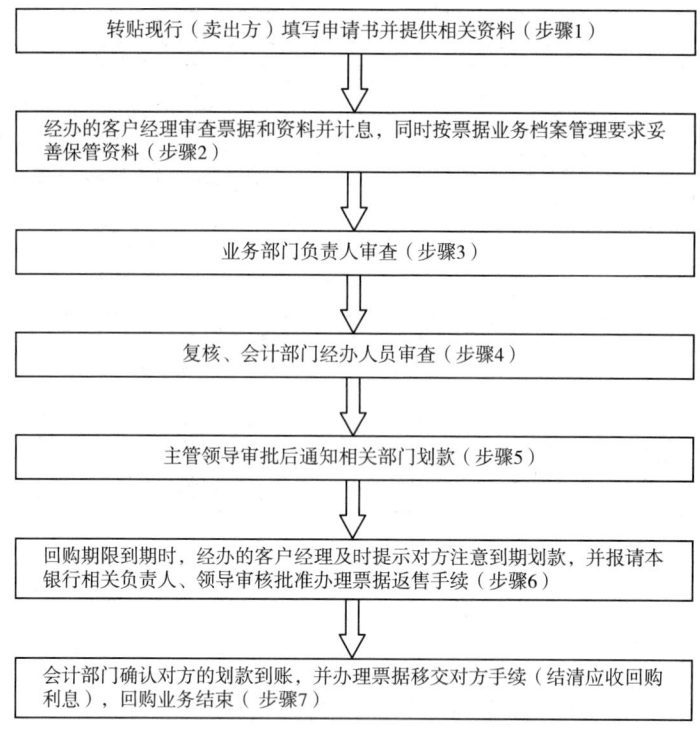

图 3-4 转贴现业务买进（回购）操作流程

注：回购买入票据时：(1) 回购到期日前要有专人提示对方到期划款，保证到期日款项准时到达买入返售行的账户。(2) 当回购到期，如本行派人送票去交割，需办理借票审批手续。(3) 如对方行派人提前取票，取票人须持介绍信，并由取票行出具提前取票申请书，加盖行章和法人代表章，经有关负责人批准后方可取票。

2. 转贴现业务卖出业务流程。
(1) 转贴现业务卖出（买断）业务流程，见图 3-5。

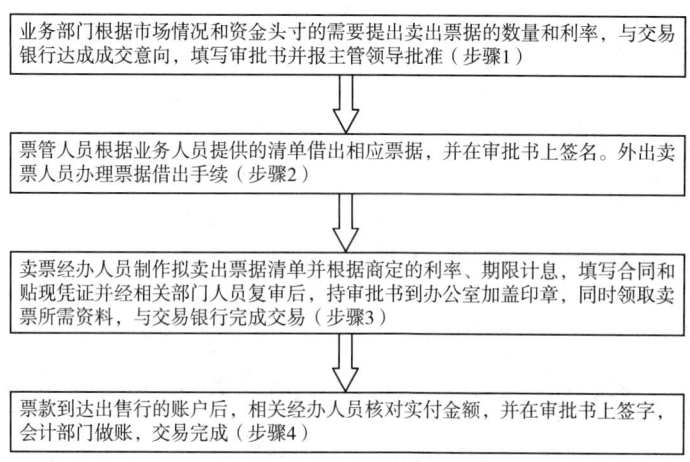

图 3-5 转贴现业务卖出（买断）操作流程

(2) 转贴现业务卖出（回购）业务流程，见图 3-6。

业务部门根据市场情况和资金头寸的需要提出卖出票据的数量和利率,与交易银行达成成交意向,填写审批书并报主管领导批准(步骤1)

票管人员根据业务人员提供的清单借出相应票据,并在审批书上签名。外出卖票人员办理票据借出手续(步骤2)

卖票经办人员制作拟卖出票据清单并根据商定的利率、期限计息,填写合同和贴现凭证并经相关部门人员复审后,持审批书到办公室加盖印章,同时领取卖票所需资料,与交易银行完成交易(步骤3)

票款到达出售行的账户后,相关经办人员核对实付金额,并在审批书上签字,会计部门做账(步骤4)

回购期限到时,由业务经理填写资金汇划单连同回购合同及清单等相关资料,经有关人员复审后,送主管领导签字后方可办理划账手续(步骤5)

与交易银行完成票据交接手续(票管中心应妥善保管交入票据),回购交易结束(步骤6,该步骤也可与步骤5同时完成)

图3-6 转贴现业务卖出(回购)操作流程

注:如系回购卖出票据:(1)在回购到期日前由业务经理填写资金汇划单连同回购合同及清单,经有关人员复审后,送主管领导签字后方可办理;(2)经办人员于回购到期日准时将资金汇划单和转账凭证交会计人员准时划款;(3)由卖出回购方派人取票或由买入返售方派人送票;(4)票管人员核收票据并在划款申请书上签字。

(三)商业汇票转贴现文件示样

示样:实训3-1 商业汇票转贴现(买断)合同

商业汇票转贴现(买断)合同
(编号　　)

甲方(买入方):_____

乙方(卖出方):_____

甲、乙双方依据《中华人民共和国票据法》,中国人民银行《票据管理实施办法》、《支付结算办法》和其他有关法律、法规的规定,本着平等、自愿、诚实信用的原则,经充分协商达成如下条款,以共同遵守执行。

第一条 转贴现(买断)的含义

本合同所称的转贴现(买断),系指甲方购买乙方已贴现(或转贴现)、尚未到期的商业汇票,到期由甲方负责委托收款的业务。

第二条 转贴现（买断）金额及数量

乙方转让给甲方商业汇票_____张（附清单），票面合计金额（大写）_____元，（小写）_____元。

第三条 转贴现（买断）实付金额及利率

1. 实付转贴现（买断）金额按票面金额扣除贴现日至汇票到期前 1 日利息计算。承兑人在异地的，转贴现（买断）的期限以及贴现利息的计算应另加 3 天划款日期。

2. 双方商定贴现（买断）的利率、实付金额分别为：

张数	天数	利率	票面金额	利息	实付金额
合计					

3. 合计实付金额总计（大写）_____元。

第四条 甲方的权利与义务

1. 甲方按双方选择的划款方式将转贴现款项于____年____月____日汇入乙方指定的银行账户。

乙方指定的银行账户为：

户　　名：_____

开户银行：_____

账　　号：_____

2. 甲方应保守乙方的商业秘密，不得有损害乙方利益、信誉和形象的行为。

3. 商业汇票到期时，由甲方直接向承兑人办理委托收款。

第五条 乙方的权利与义务

1. 乙方在本合同签订后将汇票背书转让给甲方。

2. 乙方要求甲方按照本协议的规定及时划款。

3. 乙方保证转让给甲方的商业汇票是严格按照《中华人民共和国票据法》和其他有关法律、法规合法善意取得，具有真实、合法、关联的交易背景，相关资料真实、合法、合规。

4. 乙方转让给甲方的商业汇票已"公示催告或引致诉讼"，乙方应承担一切责任。

5. 乙方应保护甲方的商业秘密，不得有损害甲方利益、信誉和形象的行为。

第六条 违约责任

1. 甲方未按照本合同第四条第 1 款的规定支付转贴现款，给乙方造成损失，应予赔偿。

2. 乙方违反本合同第五条第 3、4 款给甲方造成损失的，应赔偿甲方由此产生的实际损失。

3. 乙方未履行本合同的其他义务给甲方造成损失的，应予赔偿。

第七条 追索

1. 承兑行故意压票、拖延支付，由甲方自行向承兑行追偿本金、要求赔偿或支付罚息。

2. 如承兑行拒付或退票，甲方应在收到有关拒付证明或退票理由书之日起3日内，将拒付事由书面通知乙方。

3. 甲方可在法定的期限内向乙方进行追索，乙方保证在收到甲方的追索通知后3个营业日内将下列款项划入甲方指定的账户：

（1）被拒绝付款的汇票金额；

（2）汇票金额自到期日或提示付款日起至清偿日止，按照中国人民银行规定的"流动资金贷款"利率计算的利息；

（3）取得有关拒绝证明和发出通知的费用。

4. 乙方清偿债务时，甲方应当交回汇票和有关拒绝证明，并出具所收到利息和费用的收据。

第八条 其他约定

1. _____

2. _____

第九条 合同生效和争议的解决方式：

1. 本协议一式二份，甲乙双方各执一份，由甲乙双方签章后生效。

2. 本合同在执行中如发生争议和未尽事宜，甲乙双方应采取平等友好的态度协商解决。协商不成的，在甲方所在地法院通过法律途径解决。

甲　　方：	乙　　方：
负责人：	负责人：
经办人：	经办人：
地　　址：	地　　址：
邮　　编：	邮　　编：
年　月　日	年　月　日

示样：实训3-2 商业汇票转贴现（回购）合同

商业汇票转贴现（回购）合同
（编号　　）

甲方（买入返售方）：_____

乙方（卖出回购方）：_____

甲、乙双方根据《中华人民共和国票据法》、中国人民银行《票据管理实施办法》、《支付结算办法》和其他有关法律、法规的规定，本着平等、自愿、诚实信用的原则，经充分协商达成如下条款，以共同遵照执行。

第一条 转贴现（回购）的含义

本合同所称的转贴现（回购），系指甲方对乙方所持尚未到期的商业汇票实施限时购买，乙方于双方约定的时间按票面金额将商业汇票购回的业务。

第二条 转贴现（回购）金额及数量

甲方购入乙方持有的商业汇票_____张（附清单），票面合计金额（大写）_____元、（小写）_____元。

第三条 转贴现（回购）实付金额、利率及回购日

1. 实付转贴现（回购）金额按票面金额扣除贴现日至汇票购回前1日利息计算。

2. 双方商定的利率、实付金额及回购期限届满日分别为：

张数	天数	利率	票面金额	利息	实付金额
合计					

实付金额为（大写）_____元。

乙方指定的银行账户为：

户　　名：_____

开户银行：_____

账　　号：_____

3. 甲方在贴现日至汇票购回前，应妥善保管乙方所提供的汇票。

4. 甲方应保守乙方的商业秘密，不得有损害乙方利益、信誉和形象的行为。

第四条 乙方的权利与义务

1. 乙方在回购期限届满日按票面金额将资金划入甲方指定账户，将票据购回，在甲方收妥款项后，取回汇票。

甲方指定的银行账户为：

户　　名：_____

开户银行：_____

账　　号：_____

2. 乙方保证转让给甲方的商业汇票是严格按照《中华人民共和国票据法》和其他有关法律、法规合法善意取得，具有真实、合法、关联的交易背景，相关资料真实、合法、合规。

3. 乙方应保守甲方的商业秘密，不得有损害甲方利益、信誉和形象的行为。

第五条 违约责任

1. 甲方未按本合同第四条第1款的规定及时向乙方支付转贴现款，给乙方造成损失的，应承担相应的赔偿责任。

2. 甲方未履行本合同规定的其他义务给乙方造成损失的，应承担相应的赔偿责任。

3. 乙方违反本合同第三条第 2 款的规定不回购或延迟回购的,应向甲方支付自回购期限届满日起至购回日止,按未及时购回票据总金额的每日万分之五的利息。

4. 乙方未履行本合同规定的其他义务给甲方造成损失的,应承担相应的赔偿责任。

第六条　其他约定

1. ＿＿＿＿＿＿＿＿＿＿＿＿＿＿＿＿＿＿＿＿＿＿＿＿＿＿
2. ＿＿＿＿＿＿＿＿＿＿＿＿＿＿＿＿＿＿＿＿＿＿＿＿＿＿

第七条　合同的生效和争议的解决方式：

1. 本协议一式二份,甲、乙双方各执一份,由甲、乙双方签章后生效。

2. 本合同在执行中如发生争议和未尽事宜,甲、乙双方应采取平等友好的态度协商解决。协商不成的,在甲方所在地法院通过法律途径解决。

甲　方：	乙　方：
负责人：	负责人：
经办人：	经办人：
地　址：	地　址：
邮　编：	邮　编：
年　月　日	年　月　日

示样：实训 3-3 商业汇票转贴现（卖出）申请审批表

中国××银行　商业汇票转贴现（卖出）申请审批表

年　月　日　　　　　　　　　　　　　　　　　编号：

计划转卖情况	购买行		协商利率	
	计划转卖金额		转卖方式	
	业务部门意见	相关部门意见		主管领导意见
借票情况	借出票据＿＿＿张,合计金额（大写）＿＿＿元。附清单＿＿＿张			
	借票人	票管人员		主管领导
转卖情况	转贴日期	卖出金额	利息	利率	张数	经办人
	合计					
回款情况	卖出票据＿＿＿张,实收资金（大写）＿＿＿元已于＿＿月＿＿日到账					
	会计部门经办人：　　　　　　　　　业务部门经办人： 年　月　日					
备注	本表附转贴合同后					

示样：实训3-4 银行回购到期划款审批书及汇票复审表

中国××银行票据中心回购到期划款审批书及汇票复审表

年　月　日　　　　　　　　　　　　　　　　　　　　　　编号：

划款原因		原合同编号	
划款金额	（大写）		
汇票张数		划款时间	
对方名称		开户银行	
		账号	
业务处意见			
综合处意见			
总经理意见			
汇票回收情况			
汇票张数			
票面金额			
交票经办人			
		票管收票	
说明： 　　审批时需持原合同及清单，汇票收回后本表为原合同附件			

（四）商业汇票再贴现业务的知识点[①]

1. 基本概念。再贴现是指商业银行把已贴入所有的票据再以贴现的方式出售给中央银行，以获取资金的行为。再贴现业务既是商业银行用来进行头寸调节和流动性管理的手段，也是一种获取市场上利差收入的工具。

2. 现行中国人民银行对再贴现的管理规定，见图3-7。

3. 再贴现的方式。

（1）再贴现买断方式。是指中国人民银行对商业银行申请再贴现票据的票据权利实行买断并完成交割手续，人民银行到期向付款人（承兑人）提示付款的方式。

（2）再贴现回购方式。这是指中国人民银行没有对商业银行申请再贴现票据的票据权利实行买断，在为其办理票据贴现业务后约定在某一时期由申请贴现的商业银行购回票据，票据到期后由商业银行自行向付款人（承兑人）托收票款的方式。

4. 申请再贴现业务所需的资料，见图3-8。

---

① 从业务流程与特征来看，再贴现业务也属于票据贴现的范畴。但是由于再贴现业务本身带有一国中央银行货币政策调控的色彩，再贴现的资金价格（再贴现利率）也不是由市场供求决定的市场利率，因此国内大多数教材未将再贴现市场列入货币市场范畴内。本书对这部分内容仅作为知识性介绍，不另安排实验实习的内容。

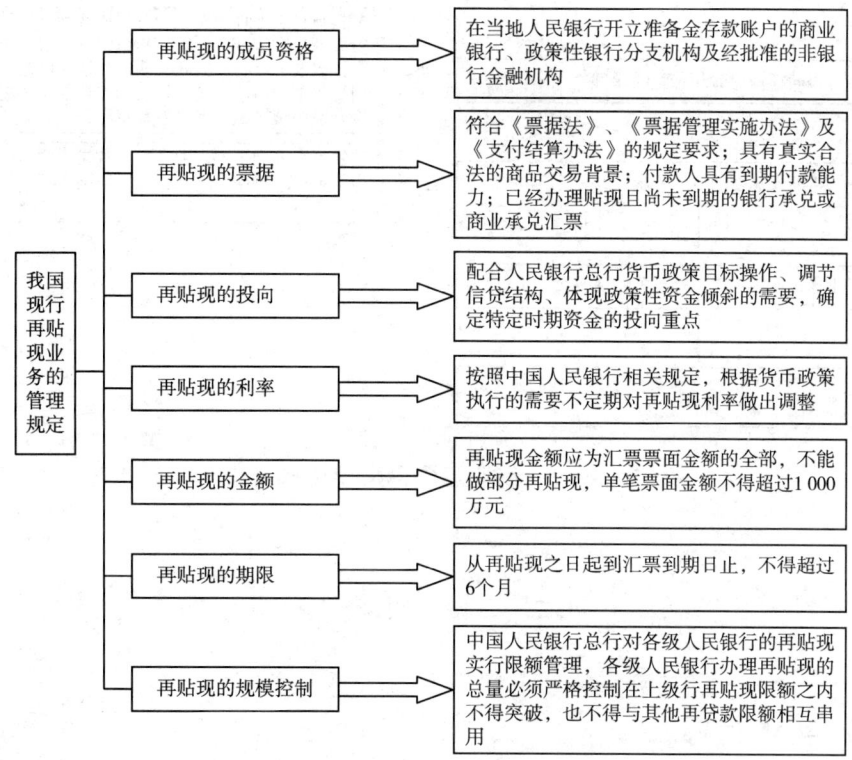

图 3-7 现行中国人民银行对再贴现的管理规定

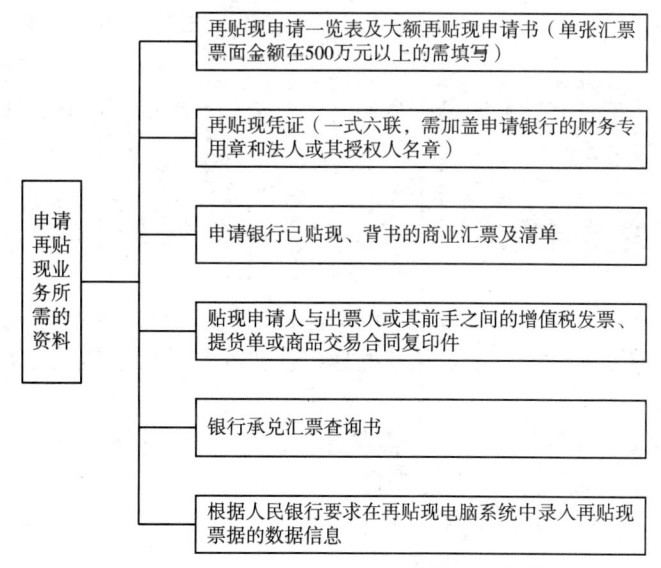

图 3-8 申请再贴现业务所需的资料

5. 商业汇票再贴现业务流程,见图 3-9。

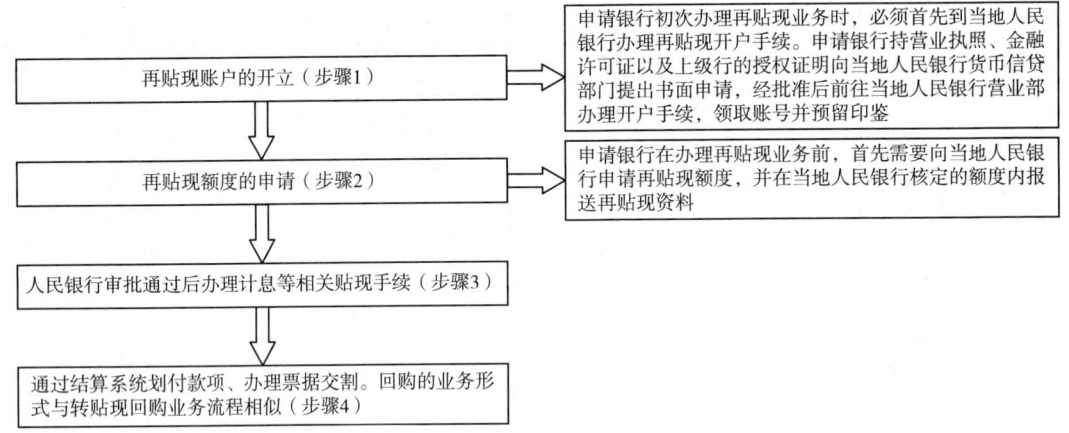

图 3-9 商业汇票再贴现业务流程

二、实训项目

(一) 实训目标

1. 了解汇票转贴现业务办理的基本程序,所需的基本资料。
2. 掌握转贴入汇票真实贸易背景的审核及风险防范控制等制度要求。
3. 熟练掌握转贴现业务卖断、回购;买进、卖出过程中资金与票据的流动方向,相关责权关系。
4. 能够熟练、正确计算转贴现的利息额与实付金额;准确填写转贴现票据的明细清单;转贴现买卖合同等相关凭证与文件。

(二) 实训的要点提示

1. 办理转贴现业务,要严格审查转贴现对象的资格和相关资料,包括:
(1) 首先确定转贴现申请行是否具备办理票据业务的经营范围(尤其对资产规模较小、经营状况不好的金融机构)。
(2) 需要提供营业执照和金融机构营业许可证复印件;授权委托书;负责人身份证复印件;经办人工作证、身份证原件与复印件。
(3) 对于首次与银行办理转贴现业务的机构要实地调查或电话调查(电话号码须是通过当地114台查询)其资格和相关情况。
(4) 在接受转让的票据以前,要对票面进行审查(审查内容同办理直贴业务要求一样);对跟单资料的审查除了需要对方提供办理直贴业务的跟单资料外,还特别需要提供申请行买入票据的贴现凭证。

2. 注意贴现利息分别以年利率、月利率和日利率的正确表示和转换。

3. 买进卖出票据的利息的计算与复核的重点是计息天数，注意承兑人在异地的要加收票款的在途时间和节假日顺延时间（与商业汇票直贴业务办理要求相同）。

实训操作

练习1：2015年10月28日，A银行青岛分行以转贴现的形式买入B银行大同分行的一批汇票（参见明细清单），双方商定以月利率2.475‰成交，隔日划款。假设你是A银行青岛分行的票据业务员，请根据相关资料填写转贴现清单。

A银行青岛分行转贴现购入汇票的明细清单

序号	汇票号码	金额（元）	汇票出票日	汇票到期日	转贴现日	备注
1	GA27182028	2 350 000.00	2015-9-1	2016-1-23	2015-10-28	异地汇票
2	GA53212028	123 456.00	2015-9-2	2015-12-18	2015-10-28	
3	GA8545028	23 457 876.00	2015-9-3	2016-2-12	2015-10-28	异地汇票
4	GA275323028	2 355 355.00	2015-9-4	2015-12-30	2015-10-28	异地汇票
合计		28 286 687.00				

A银行青岛分行转贴现清单（买断式）　　　　　　　　　　　　单位：元

序号	汇票号码	汇票金额	出票日	到期日	转贴日	顺延天数	是否异地	计息天数	利率	利息	实付金额
1											
2											
3											
4											
合计											

练习2：假定你为B银行大同分行票据中心业务员，根据练习1提供的相关数据，请填写商业汇票转贴现（买断）合同，编号为：银00317，注意内容的完整、准确。具体资料：A银行青岛分行（开户行A银行青岛分行，行号：4323220，账号：42383270）；B银行大同分行（开户行B银行大同分行，行号：12750755，账号：2354324857）。

商业汇票转贴现（买断）合同

（编号　　　）

甲方（买入方）：_____

乙方（卖出方）：_____

甲、乙双方依据《中华人民共和国票据法》，中国人民银行《票据管理实施办法》、《支付结算办法》和其他有关法律、法规的规定，本着平等、自愿、诚实信用的原则，经充分协商达成如下条款，以共同遵守执行。

第一条 转贴现（买断）的含义

本合同所称的转贴现（买断），系指甲方购买乙方已贴现（或转贴现）、尚未到期的商业汇票，到期由甲方负责委托收款的业务。

第二条 转贴现（买断）金额及数量

乙方转让给甲方商业汇票_____张（附清单），票面合计金额（大写）_____元，（小写）_____元。

第三条 转贴现（买断）实付金额及利率

1. 实付转贴现（买断）金额按票面金额扣除贴现日至汇票到期前 1 日利息计算。承兑人在异地的，转贴现（买断）的期限以及贴现利息的计算应另加 3 天划款日期。

2. 双方商定贴现（买断）的利率、实付金额分别为：

号码	天数	利率	票面金额	利息	实付金额
合计					

3. 合计实付金额总计（大写）_____元。

第四条 甲方的权利与义务

1. 甲方按双方选择的划款方式将转贴现款项于_____年____月____日汇入乙方指定的银行账户。

乙方指定的银行账户为：

户　　名：_____

开户银行：_____

账　　号：_____

2. 甲方应保守乙方的商业秘密，不得有损害乙方利益、信誉和形象的行为。

3. 商业汇票到期时，由甲方直接向承兑人办理委托收款。

第五条 乙方的权利与义务

1. 乙方在本合同签订后将汇票背书转让给甲方。

2. 乙方要求甲方按照本协议的规定及时划款。

3. 乙方保证转让给甲方的商业汇票是严格按照《中华人民共和国票据法》和其他有关法律、法规合法善意取得，具有真实、合法、关联的交易背景，相关资料真实、合法、合规。

4. 乙方转让给甲方的商业汇票已"公示催告或引致诉讼"，乙方应承担一切责任。

5. 乙方应保护甲方的商业秘密，不得有损害甲方利益、信誉和形象的行为。

第六条 违约责任

1. 甲方未按照本合同第四条第 1 款的规定支付转贴现款，给乙方造成损失，应予赔偿。

2. 乙方违反本合同第五条第 3、4 款给甲方造成损失的，应赔偿甲方由此产生的实际损失。

3. 乙方未履行本合同的其他义务给甲方造成损失的，应予赔偿。

第七条 追索

1. 承兑行故意压票、拖延支付，由甲方自行向承兑行追偿本金、要求赔偿或支付罚息。

2. 如承兑行拒付或退票，甲方应在收到有关拒付证明或退票理由书之日起 3 日内，将拒付事由书面通知乙方。

3. 甲方可在法定的期限内向乙方进行追索，乙方保证在收到甲方的追索通知后 3 个营业日内将下列款项划入甲方指定的账户：
（1）被拒绝付款的汇票金额；
（2）汇票金额自到期日或提示付款日起至清偿日止，按照中国人民银行规定的"流动资金贷款"利率计算的利息；
（3）取得有关拒绝证明和发出通知的费用。
4. 乙方清偿债务时，甲方应当交出汇票和有关拒绝证明，并出具所收到利息和费用的收据。

第八条 其他约定
1. 无
2. 无

第九条 合同生效和争议的解决方式：
1. 本协议一式二份，甲、乙双方各执一份，由甲、乙双方签章后生效。
2. 本合同在执行中如发生争议和未尽事宜，甲、乙双方应采取平等友好的态度协商解决。协商不成的，在甲方所在地法院通过法律途径解决。

甲　方：	乙　方：
负责人：	负责人：蔡敏
经办人：	经办人：刘黎
地　址：	地　址：
邮　编：	邮　编：
年　月　日	年　月　日

练习3：2015年10月26日，A银行太原分行以转贴现（回购）的形式买入B银行大同分行的一批汇票（参见明细清单），双方商定以年利率2.88%成交，A银行太原分行在2015年12月9日将汇票又返售给B银行大同分行。假设你是A银行太原分行的票据业务员，请根据相关资料填写转贴现清单。

A银行太原分行转贴现购入汇票的明细清单

序号	汇票号码	金额（元）	汇票出票日	汇票到期日	转贴现日	回购日
1	GA27182028	2 350 000.00	2015-9-1	2016-1-23	2015-10-26	2015-12-9
2	GA53212028	123 456.00	2015-9-2	2015-12-18	2015-10-26	2015-12-9
3	GA8545028	23 457 876.00	2015-9-3	2016-2-12	2015-10-26	2015-12-9
4	GA275323028	2 355 355.00	2015-9-4	2015-12-30	2015-10-26	2015-12-9
合计		28 286 687.00				

A银行太原分行转贴现清单（回购式）

单位：元

序号	汇票号码	金额	汇票出票日	汇票到期日	转贴日	回购日	计息天数	利率	利息	实付金额
1										
2										
3										
4										
合计										

练习4：假定你为A银行太原分行票据中心业务员，根据练习3提供的相关数据，请填写商业汇票转贴现（回购）合同，编号为：银0036，注意内容的完整、准确。具体资料：A银行太原分行（开户行A太原分行，行号：4323220，账号：42383270）；B银行大同分行（开户行B银行大同分行，行号：12750755，账号：2354324857）。

商业汇票转贴现（回购）合同
（编号　　）

甲方（买入返售方）：＿＿＿＿＿＿＿＿＿＿＿＿＿＿＿
乙方（卖出回购方）：＿＿＿＿＿＿＿＿＿＿＿＿＿＿＿

甲、乙双方根据《中华人民共和国票据法》、中国人民银行《票据管理实施办法》、《支付结算办法》和其他有关法律、法规的规定，本着平等、自愿、诚实信用的原则，经充分协商达成如下条款，以共同遵照执行。

第一条　转贴现（回购）的含义

本合同所称的转贴现（回购），系指甲方对乙方所持尚未到期的商业汇票实施限时购买，乙方于双方约定的时间按票面金额将商业汇票购回的业务。

第二条　转贴现（回购）金额及数量

甲方购入乙方持有的商业汇票＿＿＿＿＿＿张（附清单），票面合计金额（大写）＿＿＿＿＿＿元、（小写）＿＿＿＿＿＿元。

第三条　转贴现（回购）实付金额、利率及回购日

1. 实付转贴现（回购）金额按票面金额扣除贴现日至汇票购回前1日利息计算。
2. 双方商定的利率、实付金额及回购期限届满日分别为：

号码	天数	利率	票面金额	利息	实付金额
合计					

实付金额为（大写）＿＿＿＿＿＿＿＿＿＿＿＿＿＿＿＿＿＿＿＿＿＿元。
乙方指定的银行账户为：
户　　名：＿＿＿＿＿＿＿＿＿＿＿＿＿＿＿＿＿＿＿＿＿
开户银行：＿＿＿＿＿＿＿＿＿＿＿＿＿＿＿＿＿＿＿＿＿
账　　号：＿＿＿＿＿＿＿＿＿＿＿＿＿＿＿＿＿＿＿＿＿

3. 甲方在贴现日至汇票购回前，应妥善保管乙方所提供的汇票。
4. 甲方应保守乙方的商业秘密，不得有损害乙方利益、信誉和形象的行为。

第四条　乙方的权利与义务

1. 乙方在回购期限届满日按票面金额将资金划入甲方指定账户，将票据购回，在甲方收妥款项后，取回汇票。

甲方指定的银行账户为：
户　　名：＿＿＿＿＿＿＿＿＿＿＿＿＿＿＿＿＿＿＿
开户银行：＿＿＿＿＿＿＿＿＿＿＿＿＿＿＿＿＿＿＿
账　　号：＿＿＿＿＿＿＿＿＿＿＿＿＿＿＿＿＿＿＿

2. 乙方保证转让给甲方的商业汇票是严格按照《中华人民共和国票据法》和其他有关法律、法规合法善意取得，具有真实、合法、关联的交易背景，相关资料真实、合法、合规。

3. 乙方应保守甲方的商业秘密，不得有损害甲方利益、信誉和形象的行为。

第五条　违约责任

1. 甲方未按本合同第四条第1款的规定及时向乙方支付转贴现款，给乙方造成损失的，应承担相应的赔偿责任。

2. 甲方未履行本合同规定的其他义务给乙方造成损失的，应承担相应的赔偿责任。

3. 乙方违反本合同第三条第2款的规定不回购或延迟回购的，应向甲方支付自回购期限届满日起至购回日止，按未及时购回票据总金额的每日万分之五的利息。

4. 乙方未履行本合同规定的其他义务给甲方造成损失的，应承担相应的赔偿责任。

第六条　其他约定

1. ＿无＿＿＿＿＿＿＿＿＿＿＿＿＿＿＿＿＿＿＿＿
2. ＿无＿＿＿＿＿＿＿＿＿＿＿＿＿＿＿＿＿＿＿＿

第七条　合同的生效和争议的解决方式：

1. 本协议一式二份，甲、乙双方各执一份，由甲、乙双方签章后生效。

2. 本合同在执行中如发生争议和未尽事宜，甲、乙双方应采取平等友好的态度协商解决。协商不成的，在甲方所在地法院通过法律途径解决。

　　甲　　方：　　　　　　　　　　乙　　方：
　　负 责 人：黄冈　　　　　　　　负 责 人：
　　经 办 人：杜梨　　　　　　　　经 办 人：
　　地　　址：　　　　　　　　　　地　　址：
　　邮　　编：　　　　　　　　　　邮　　编：
　　　　年　月　日　　　　　　　　　　年　月　日

练习5：假定你为B银行大同分行票据中心会计部门经办人许清，根据练习1、2提供的相关数据，请填写内部的商业汇票转贴现（卖出）申请审批表，编号为：银00431，注意内容的完整、准确。具体资料：A银行青岛分行（开户行A银行青岛分行，行号：4323220，账号：42383270）；B银行大同分行（开户行B银行大同分行，行号：12750755，账号：2354324857），双方交易成功，B银行大同分行已在合同签署的第二天收到对方划来的款项。

B银行大同分行商业汇票转贴现（卖出）申请审批表

年　月　日　　　　　　　　　　　　　　　　　　编号：

计划转卖情况	购买行		协商利率	
	计划转卖金额		转卖方式	
	业务部门意见		相关部门意见	主管领导意见
	刘黎		——	蔡敏
借票情况	借出票据＿＿＿张，合计金额（大写）＿＿＿＿元。附清单＿＿＿张			
	借票人	刘黎	票管人员	——	主管领导	

续表

<table>
<tr><td rowspan="5">转卖情况</td><td>转贴日期</td><td>卖出金额</td><td>利息</td><td>利率</td><td>张数</td><td>经办人</td></tr>
<tr><td></td><td></td><td></td><td></td><td></td><td>刘黎</td></tr>
<tr><td></td><td></td><td></td><td></td><td></td><td>刘黎</td></tr>
<tr><td></td><td></td><td></td><td></td><td></td><td>刘黎</td></tr>
<tr><td>合计</td><td></td><td></td><td></td><td></td><td>刘黎</td></tr>
<tr><td>回款情况</td><td colspan="6">卖出票据_____张，实收资金（大写）_____元已于____月____日到账。
会计部门经办人：　　　　　　　　　　　　　　　　业务部门经办人：刘黎
　　　　　　　　　　　　　　　　　　　　　　　　　　2015年10月31日</td></tr>
</table>

练习6：根据练习3、4的相关资料，由A银行太原分行转贴现（回购）买入的票据即将到期（2015年12月9日），需要返售给B银行大同分行。假定你为B银行大同分行票据中心的业务员，请填写银行内部的回购到期划款审批书及汇票复审表，编号：0021。注意内容的准确、完整。具体资料：A银行太原分行（开户行A银行太原分行，行号：4323220，账号：42383270）；B银行大同分行（开户行B银行大同分行，行号：12750755，账号：2354324857）。

B银行大同分行票据中心回购到期划款审批书及汇票复审表

年　月　日　　　　　　　　　　　　　　　　　　编号：

<table>
<tr><td>划款原因</td><td colspan="2"></td><td>原合同编号</td><td></td></tr>
<tr><td>划款金额</td><td colspan="4">（大写）</td></tr>
<tr><td>汇票张数</td><td></td><td>划款时间</td><td colspan="2"></td></tr>
<tr><td rowspan="2">对方名称</td><td rowspan="2"></td><td>开户银行</td><td colspan="2"></td></tr>
<tr><td>账号</td><td colspan="2"></td></tr>
<tr><td>业务处意见</td><td colspan="4"></td></tr>
<tr><td>综合处意见</td><td colspan="4"></td></tr>
<tr><td>总经理意见</td><td colspan="4"></td></tr>
<tr><td colspan="5">汇票回收情况</td></tr>
<tr><td>汇票张数</td><td colspan="4"></td></tr>
<tr><td>票面金额</td><td colspan="4"></td></tr>
<tr><td>交票经办人</td><td colspan="2"></td><td colspan="2">票管收票</td></tr>
<tr><td colspan="5">说明：
　　审批时需持原合同及清单，汇票收回后本表为原合同附件。</td></tr>
</table>

项目四

商业汇票贴现的创新业务

一、实训准备

(一) 商业汇票贴现创新业务的知识点

1. 买方付息票据贴现。

(1) 业务概述。买方付息票据贴现业务是指卖方企业在销售商品后,持买方企业交付的银行承兑汇票或商业承兑汇票到贴现银行申请办理贴现,由贴现银行审核无误后,办理贴现手续,票据贴现利息由买方企业承担(买方也可以提出申请)。

买方付息票据贴现业务与贴现银行现行票据贴现业务除贴现利息承担人不同外,其他条件基本相同,票据的出票、背书、承兑、保证等行为,均受现行法律法规及贴现银行有关规定的约束。

买方付息贴现业务的票据为银行承兑汇票或商业承兑汇票。买方付息票据贴现业务的贴现利率按照人民银行有关规定及贴现行利率管理办法执行。具体执行标准由贴现银行与买卖双方商定后在"买方付息贴现业务三方协议书"中予以明确。

(2) 客户需提供的资料,见图 4-1。

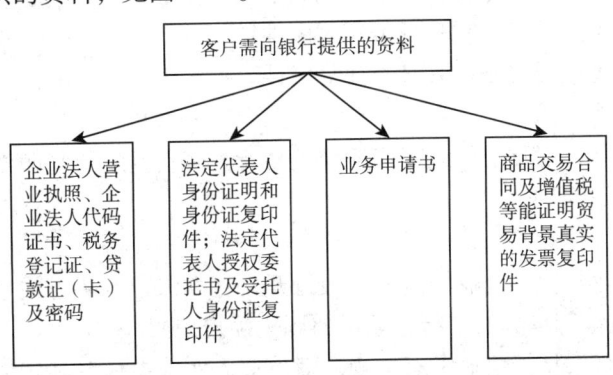

图 4-1 买方付息业务客户需提供的资料

(3) 业务流程图，见图 4-2。

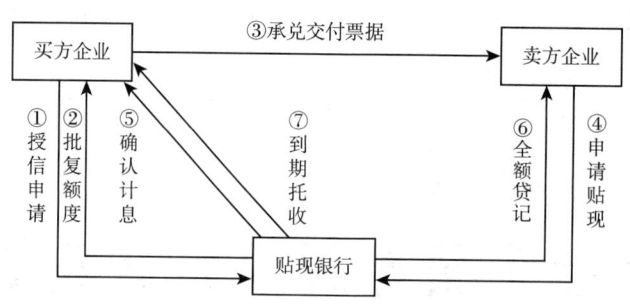

图 4-2　买方付息业务流程

注：以买方企业作为受信人为例。

(4) 业务流程的具体说明。

步骤 1：买方企业与卖方企业均在贴现银行开立存款账户，买方或者卖方向银行提出授信申请（如使用其他银行已承兑的银行承兑汇票则无须授信）。

步骤 2：贴现行根据授信业务有关规定对申请人实施授信，确定买方付息贴现业务授信额度，签订买方付息补充协议。

步骤 3：买方企业签发票据，交付卖方企业。

步骤 4：卖方持票及跟单资料向贴现行提出买方付息贴现业务申请并提供相关材料。

步骤 5：贴现银行对卖方企业提供的银行承兑汇票或商业承兑汇票及跟单资料进行审查，确保票据、贸易背景真实、有效。

步骤 6：贴现行直接借记买方企业存款账户，确认贴现利息收妥后，将票面金额全额贷记卖方企业存款账户。

步骤 7：票据到期后，贴现银行向承兑人发出托收。

2. 协议付息票据贴现业务。

(1) 业务概述。协议付息票据业务即卖方销售商品后，将买方交付的商业汇票（银行承兑汇票或商业承兑汇票）转让给贴现银行，并由买卖双方协商，分担支付票据贴现利息的票据贴现行为（买方也可以提出申请）。

(2) 客户需提供资料。

资料 1：企业法人营业执照、企业法人代码证书、税务登记证、贷款证（卡）及密码。

资料 2：法定代表人身份证明和身份证复印件。

资料 3：法定代表人授权委托人身份证复印件。

资料 4：业务申请书。

资料 5：商品交易合同及增值税等能证明贸易背景真实的发票复印件。

(3) 业务流程，见图 4-3。

(4) 业务流程说明。

步骤 1：买方企业与卖方企业均在贴现银行开立存款账户，买方或者卖方向银行提出授信申请（如使用其他银行承兑的银行承兑汇票则无须授信）。

步骤 2：贴现银行根据授信业务有关规定对申请人实施授信，确定协议付息贴现业务授信额度，签订协议付息补充协议，确定双方付息比例。

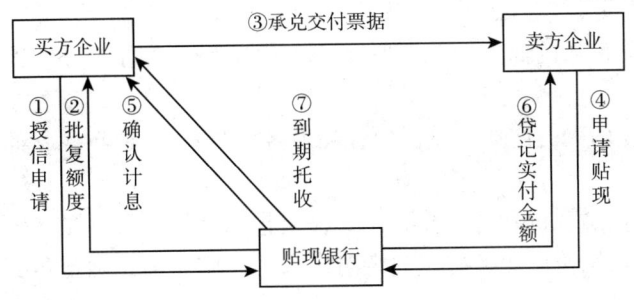

图 4-3 协议付息票据贴现业务流程

注：以买方企业作为受信人为例。

步骤 3：买方企业签发票据，交付卖方企业。

步骤 4：卖方持票及跟单资料向贴现银行提出协议付息贴现业务申请，提交相关材料。

步骤 5：贴现行对卖方企业提供的银行承兑汇票或商业承兑汇票及跟单资料进行审查，确保票据、贸易背景真实、有效。

步骤 6：贴现行按比例借记买方企业存款账户，确认贴现利息收妥后，将票面额扣除卖方应付利息后贷记卖方企业存款账户。

步骤 7：票据到期，贴现银行向承兑人发出托收。

3. 商业承兑汇票保贴业务（票据包买业务）。

（1）业务概述。商业承兑汇票保贴业务又称为"票据包买业务"，是指对特定承兑人承兑或特定持有人持有的商业承兑汇票，贴现银行承诺在授信额度和一定期限内，以商定的贴现利率予以保证贴现的业务。

（2）客户需提供资料。

资料 1：企业法人营业执照、企业法人代码证书、税务登记证、贷款证（卡）及密码。

资料 2：法定代表人身份证明和身份证复印件。

资料 3：法定代表人授权委托书及受托人身份证复印件。

资料 4：业务申请书。

资料 5：商品交易合同及增值税发票等能证明贸易背景真实的材料复印件。

（3）业务流程（以出票人为受信人为例），见图 4-4。

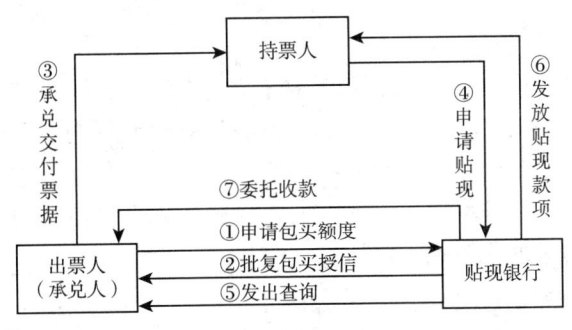

图 4-4 商业承兑汇票保贴业务流程

（4）业务流程说明。

A. 以持票人为受信人的商业承兑汇票保贴业务流程（见图2-5，商业承兑汇票贴现业务流程）。

B. 以出票人为受信人的商业承兑汇票保贴业务流程（见图4-4，商业承兑汇票贴现业务流程）。

步骤1：出票人在贴现行开立结算账户，提出包买授信申请，提交相关资料。

步骤2：贴现行根据授信业务有关规定对出票人实施授信，确定包买授信额度、期限与利率，签订相关协议。

步骤3：出票人向持票人承兑交付票据。

步骤4：持票人在贴现银行开立结算账户，持商业承兑汇票及能够证明贸易背景真实的资料复印件前来银行申办贴现。

步骤5：贴现银行向承兑人发出查询，审查确认票据和贸易背景真实、有效。

步骤6：办理贴现手续，发放贴现款项。

步骤7：票据到期贴现银行向承兑人办理托收。

（5）业务优势。

A. 对出票人（承兑人）一方。

优势1：能够将企业自身信用和银行信用有机结合，提升了商业承兑汇票的信用等级，大大增强了商业承兑汇票的市场流动性。

优势2：无须承兑手续费支出和承兑保证金，企业可以根据生产经营需要随时承兑并支付票据，能及时满足生产经营活动的需求。

优势3：通过与票据包买银行的合作，有助于简化业务操作程序，实现票据流通的相对封闭运作，减少了伪造、变造票据案件的发生。

B. 对贴现申请人一方。

优势1：当受信企业为承兑人时，贴现申请人可以省去信用评级、业务授信申请审批手续，贴现手续简便。

优势2：在买方付息的情况下，企业如果取得包买商业承兑汇票则等同于取得了现金，实现了现金销售。

优势3：若采用的是协商好的固定贴现利率，可以规避市场利率波动可能带来的风险，及时锁定了融资成本。

4. 票据置换（拆分）业务。

（1）业务概述。该业务是指持票人将其持有的短票（距票据到期日期限较短的承兑汇票）、散票向银行办理质押，由银行为其承兑到期日在质押票据到期日之后的银承汇票用于支付结算。质押票据到期后由银行负责委托收款，托收款项作为承兑申请人在银行的承兑保证金，以备承兑到期扣款的准备需要。若以大面额的票据质押给银行，由银行签成小面额、期限长于原票据期限的票据业务则为票据拆分业务。

（2）客户需提供资料。

资料1：企业法人营业执照、企业法人代码证书、税务登记证、贷款证（卡）及密码。

资料2：法定代表人身份证明和身份证复印件。

资料3：法定代表人授权委托书及受托人身份证复印件。

资料4：业务申请书。

资料5：商品交易合同及增值税发票等能证明贸易背景真实的材料复印件。

（3）票据置换（拆分）业务流程，见图4-5。

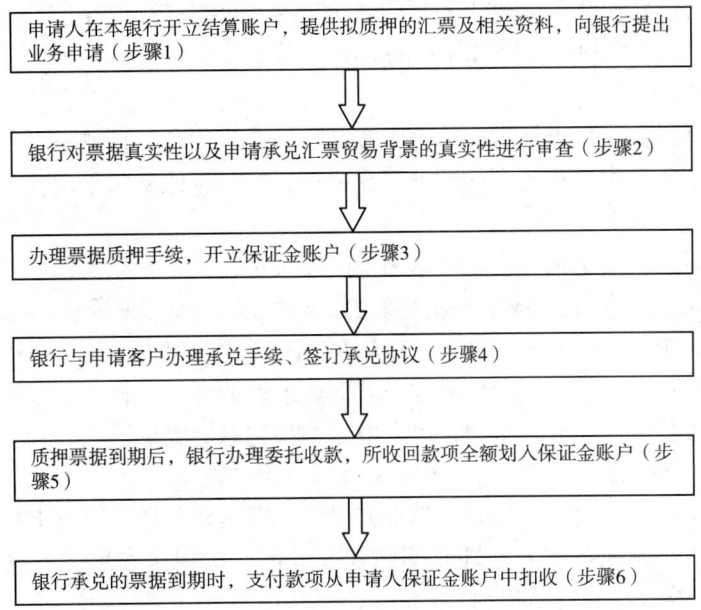

图4-5　票据置换（拆分）业务流程

（4）业务优势。

优势1：满足企业"零换整"、"整换零"的融资需求，极大方便了客户根据生产流通周期对支付结算的要求。

优势2：扩大了银行的客户源，进一步巩固了与优质客户的代理关系。

优势3：为银行扩大了资金、存款来源。

（二）商业汇票贴现创新业务的文件示样

示样：实训4-1买方付息贴现业务三方协议书

买方付息贴现业务三方协议书

（编号：＿＿＿＿＿号）

甲方：中国银行××分行

乙方：＿＿＿＿＿＿＿＿＿＿＿＿＿＿（卖方）

丙方：＿＿＿＿＿＿＿＿＿＿＿＿＿＿（买方）

第一条　甲、乙、丙三方依据《中华人民共和国票据法》、《票据管理实施办法》、《支付结算办法》及我行《买方付息票据贴现业务暂行办法》等规定，本着平等、自愿、诚实信用的原则，经充分协商签订此协议，以资共同遵守。

第二条 此笔买方付息贴现业务是由乙方在销售商品后，持丙方交付的商业汇票，向甲方申请贴现，贴现利息由丙方承担的业务（即本协议中所称买方付息贴现）。

第三条 甲方职责

1. 甲方收到乙方贴现申请后，依照甲方制定的有关规程办理业务。

2. 甲方在未收妥本协议约定的贴现利息之前，有权拒绝支付贴现款项。

第四条 乙方职责

1. 乙方向甲方申请贴现，应在申请贴现前按规定在甲方开立人民币结算账户。

2. 乙方向甲方申请贴现，应按照有关规定提交商业汇票及有关资料，并保证其真实、合法、有效，如因上述事项不真实而给甲方造成任何损失由乙方承担，甲方有权向乙方追索。

3. 在贴现过程中，乙方应配合甲方办理商业汇票的查询工作。

4. 在贴现过程中，乙方应协助、保证甲方贴现利息的收取。

第五条 丙方职责

1. 丙方知晓并同意此笔贴现业务为买方付息，即贴现利息由丙方承担。

2. 丙方同意并保证在甲方办理此笔贴现业务前，按规定在甲方开立人民币存款账户，并在账户中存入足额的贴现利息。

3. 丙方同意并授权甲方在支付贴现款项前有权自动从其账户中扣收本协议约定的贴现利息。

4. 由于丙方原因导致贴现当日甲方无法及时扣收贴现利息造成甲方或乙方损失的，由丙方承担责任。

第六条 经甲方审核，同意对乙方出具的商业汇票_____张，合计票面金额人民币（大写）_____元（详见清单）办理贴现。

第七条 甲、乙、丙三方商定贴现月利率为_____‰。

第八条 本协议项下汇票贴现利息的计算公式为：

贴现利息＝票面金额×贴现天数×贴现月利率/30

第九条 本协议项下汇票贴现利息支付方式为：

由丙方承担利息人民币（大写）_____元。

第十条 本协议未尽事项，由三方协商解决。

第十一条 本协议自三方签订之日起生效。由甲方收回全部票款之日起，本协议自动失效。

甲方：	乙方：	丙方：
（公章）	（公章）	（公章）
法定负责人/授权代表人（签字）：	法定负责人/授权代表人（签字）：	法定负责人/授权代表人（签字）：
年 月 日	年 月 日	年 月 日

示样：实训4-2买方付息票据贴现凭证

买方贴息票据贴现凭证（代申请书）　　1

申请日期　　年　月　日　　　　　　　　　第　号

贴现汇票	种类		号码		持票人	名称									
	出票日		年　月　日			账号									
	到期日		年　月　日			开户银行									
汇票承兑人	名称				账号				开户银行						
汇票金额	人民币（大写）						千	百	十	万	千	百	十	元	角	分
贴现率	‰	贴现利息	千	百	十	万	千	百	十	元	角	分	协议书编号		

附送承兑汇票申请贴现，请审核。

科目（借）　票据贴现

银行审批

对方科目（贷）　活期存款
　　　　　　　　　利息收入

持票人签章　　　　　负责人　　信贷员　　　复核　　　　记账

此联银行作贴现借方凭证

买方贴息票据贴现凭证（贴息借方凭证）　　3

申请日期　　年　月　日　　　　　　　　　第　号

贴现汇票	种类		号码		持票人	名称									
	出票日		年　月　日			账号									
	到期日		年　月　日			开户银行									
汇票承兑人	名称				账号				开户银行						
汇票金额	人民币（大写）						千	百	十	万	千	百	十	元	角	分
贴现率	‰	贴现利息	千	百	十	万	千	百	十	元	角	分	协议书编号		

根据买方贴息协议书的规定，贴现利息在汇票承兑人账户内扣收。

科目（借）　活期存款

对方科目（贷）　利息收入

复核　　　　记账

此联银行作贴现借方凭证

买方贴息票据贴现凭证（收账通知） 5

申请日期　　年　月　日　　　　　　　　　第　号

贴现汇票	种类		号码		持票人	名称										
	出票日		年　月　日			账号										
	到期日		年　月　日			开户银行										
汇票承兑人		名称			账号				开户银行							
汇票金额		人民币（大写）							千	百	十	万	千	百	十	元	角	分
贴现率	‰	贴现利息	千	百	十	万	千	百	十	元	角	分	协议书编号			
贴现款项已入你单位账户　　　　　　　　银行盖章																

此联银行给持票人的收账通知

买方贴息票据贴现凭证（贴息付款通知） 6

申请日期　　年　月　日　　　　　　　　　第　号

贴现汇票	种类		号码		持票人	名称										
	出票日		年　月　日			账号										
	到期日		年　月　日			开户银行										
汇票承兑人		名称			账号				开户银行							
汇票金额		人民币（大写）							千	百	十	万	千	百	十	元	角	分
贴现率	‰	贴现利息	千	百	十	万	千	百	十	元	角	分	协议书编号			
根据买方贴息协议书的规定，贴现利息已在你单位账户中扣收。　　　　　　　　银行盖章												备注：				

此联银行给汇票承兑人贴息付款通知

示样：实训4－3 协议付息贴现业务三方协议书

协议付息贴现业务三方协议书

（编号：_____号）

甲方：中国银行××分行

乙方：_____（卖方）

丙方：_____（买方）

58

第一条 甲、乙、丙三方依据《中华人民共和国票据法》、《票据管理实施办法》、《支付结算办法》及我行《协议付息票据贴现业务管理暂行办法》等规定，本着平等、自愿、诚实信用的原则，经充分协商签订此协议，以资共同遵守。

第二条 此笔协议付息贴现业务是由乙方在销售商品后，持丙方交付的商业汇票，向甲方申请贴现，贴现利息由乙方和丙方根据本协议中约定的比例，共同承担的业务。

第三条 甲方职责

1. 甲方收到乙方贴现申请后，按甲方制定的有关规定办理业务；
2. 甲方在未收妥本协议约定的贴现利息之前，有权拒绝支付贴现款项。

第四条 乙方职责

1. 乙方向甲方申请贴现，应在申请贴现前按规定在甲方开立人民币结算账户，账号：_____。
2. 乙方向甲方申请贴现，应按照有关规定提交商业汇票及有关资料，并保证其真实、合法、有效，如因上述事项不真实而给甲方造成任何损失由乙方承担，甲方有权向乙方追索。
3. 在贴现过程中，乙方应配合甲方办理商业汇票的查询工作。
4. 在贴现过程中，由乙方承担的贴现利息，授权甲方在向乙方划付的贴现金额中扣除。
5. 在贴现过程中，由丙方承担的贴现利息，乙方应协助、保证甲方足额及时收取。

第五条 丙方职责

1. 丙方知晓并同意此笔贴现业务为协议付息，即贴现利息由乙、丙双方按本协议规定比例共同承担。
2. 丙方同意并保证在甲方办理此笔贴现业务前，按规定在贴现银行开立人民币存款账户，并在账户中存入应付的足额贴现利息。
3. 丙方同意并授权甲方在支付贴现款项前有权自动从其账户中扣收本协议约定的贴现利息。
4. 由于丙方原因导致贴现当日甲方无法及时足额扣收贴现利息，造成甲方或乙方损失的，由丙方承担责任。
5. 丙方付息账户：_____，开户行：中国银行_____。

第六条 经甲方审核，同意对乙方出具的商业汇票_____张，票面金额合计人民币（大写）_____元（详见清单）办理贴现。

第七条 本协议项下贴现实付金额为：

1. 贴现利息完全由丙方承担时：

贴现实付金额 = 汇票票面金额合计

2. 贴现利息由乙方、丙方共同承担时：

贴现实付金额 = 汇票票面金额合计 − 乙方应承担利息

第八条 甲、乙、丙三方商定贴现利率为_____‰。

续表

第九条 本协议项下汇票贴现利息的计算公式为：

贴现利息＝票面金额×贴现天数×（月贴现利率/30）

第十条 本协议项下汇票贴现利息支付方式为：

1. 丙方承担贴现利息的_____％。

应付利息人民币（大写）_____元。

2. 乙方承担贴现利息的_____％。

应付利息人民币（大写）_____元。

第十一条 甲方实付乙方贴现金额：

人民币（大写）_____元。

第十二条 本协议未尽事项，由三方协商解决。

第十三条 本协议自三方签订之日起生效。自甲方收回全部票款之日起，本协议自动失效。

甲方：	乙方：	丙方：
（公章）	（公章）	（公章）
法定负责人/授权	法定负责人/授权	法定负责人/授权
代表人（签字）：	代表人（签字）：	代表人（签字）：
年 月 日	年 月 日	年 月 日

示样：实训4－4 协议付息票据贴现凭证

协议付息票据贴现凭证（代申请书）   1

申请日期　　年　月　日　　　　　　　　　第　　号

贴现汇票	种类		号码		持票人	名称	
	出票日		年　月　日			账号	
	到期日		年　月　日			开户银行	
汇票承兑人		名称			账号		开户银行
买方企业		名称			账号		开户银行
汇票金额		人民币（大写）					千百十万千百十元角分
贴现率	‰	贴现利息	买方企业	千百十万千百十元角分	协议书编号：		
			持票人（卖方）		实付贴现金额		千百十万千百十元角分
			合计				
附送承兑汇票申请贴现，请审核。				银行审批	科目（借）		
					对方科目（贷）		
持票人签章				负责人　　信贷员	复核　　　记账		

此联银行作贴现借方凭证

协议付息票据贴现凭证（贴息借方凭证）   3

申请日期　年　月　日　　　　　　　　第　号

贴现汇票	种类		号码			持票人	名称					
	出票日		年　月　日				账号					
	到期日		年　月　日				开户银行					

汇票承兑人	名称		账号		开户银行	
买方企业	名称		账号		开户银行	

汇票金额	人民币（大写）					千	百	十	万	千	百	十	元	角	分

贴现率	‰	贴现利息	买方企业	千	百	十	万	千	百	十	元	角	分	协议书编号：										
			持票人（卖方）											实付贴现金额	千	百	十	万	千	百	十	元	角	分
			合计																					

根据贴息协议书的规定，贴现利息的　%在买方企业的账户内扣收，　%在持票人（卖方）账户内扣收。

科目（借）

对方科目（贷）

复核　　　　记账

此联银行作贴现利息借方凭证

协议付息票据贴现凭证（收账通知）   5

申请日期　年　月　日　　　　　　　　第　号

贴现汇票	种类		号码			持票人	名称					
	出票日		年　月　日				账号					
	到期日		年　月　日				开户银行					

汇票承兑人	名称		账号		开户银行	
买方企业	名称		账号		开户银行	

汇票金额	人民币（大写）					千	百	十	万	千	百	十	元	角	分

贴现率	‰	贴现利息	买方企业	千	百	十	万	千	百	十	元	角	分	协议书编号：										
			持票人（卖方）											实付贴现金额	千	百	十	万	千	百	十	元	角	分
			合计																					

贴现款项已入你单位账户。	备注：
银行盖章	

此联银行给持票人的收账通知

协议付息票据贴现凭证（到期卡）　　7

申请日期　　年　月　日　　　　　　　　　第　号

贴现汇票	种　类		号　码		持票人	名　称			开户银行											
	出票日		年　月　日			账　号														
	到期日		年　月　日			开户银行														
汇票承兑人		名称				账号				开户银行										
买方企业		名称				账号				开户银行										
汇票金额		人民币（大写）						千 百 十 万 千 百 十 元 角 分												
贴现率	‰	贴现利息	买方企业	千 百 十 万 千 百 十 元 角 分						协议书编号：										
			持票人（卖方）							实付贴现金额		千 百 十 万 千 百 十 元 角 分								
			合计																	
备注：						科目（借）														
						对方科目（贷）														
						复核　　　　　记账														

此联会计部门保管，到期日作贴现贷方凭证

二、实训项目

（一）实训目标

1. 了解票据贴现买方付息、协议付息业务的申请、办理的基本程序及所需资料。
2. 掌握买方付息、协议付息业务的审核要求、风险防范控制等制度要求。
3. 掌握银行与客户间买方付息协议书、协议付息三方协议书的规范填写要求。
4. 熟练掌握买方付息、协议付息贴现利息的计算与分摊，规范填写贴现凭证。

（二）实训的要点提示

1. 办理该业务的买方和卖方可以是本地企业也可以是异地企业，对于异地企业办理买方付息贴现业务的可以在符合贴现银行有关要求的前提下，开立临时账户。
2. 如企业申请办理买方付息商业承兑汇票贴现业务，贴现行应对商业承兑汇票的承兑人或贴现申请人进行专项授信，给予贴现额度。
3. 买方付息业务中的买方在贴现行的存款，通常其金额不得低于买方付息业务贴现利息支出总额。

实训操作

练习1：2019年10月9日，苏州市××机械厂出售给南京市××工厂一批机器，合同中注明以汇票结算方式（买方付息）交付货款。2019年10月21日，苏州市××机械厂业务员，持一张南京市××工厂为出票人的银行承兑汇票（号码为A23412345）及相关合法资料到同城的中国××银行苏州市分行票据中心要求办理买方付息贴现业务。假定交易双方均在该银行开立了人民币结算账户，客户所提供的资料及相关贴现资格都符合银行要求，故中国××银行苏州市分行票据中心决定以2.22%的贴现利率为其办理买方付息贴现业务。假设你是该银行票据中心业务员，请根据相关资料规范填写买方付息贴现业务三方协议书和买方付息票据贴现凭证。

银 行 承 兑 汇 票

出票日期贰零壹玖年壹拾月零玖日（大写）　　　　A 23412345　第 号

出票人全称	南京市 ××工厂	收款人	全 称	苏州市××机械厂
出票人账号	234-654-909		账 号	0456-345-87
付款行全称	工行南京××办事处	行号 025023	开户行	建行苏州市××分理处 行号 332091

汇票金额 人民币（大写）　叁佰捌拾万元整

￥ 3 8 0 0 0 0 0 0 0

汇票到期日　贰零壹玖年壹拾贰月壹拾日

本汇票请你行承兑到期无条件付款

本汇票已经承兑，到期由本行付款
工行南京市××办事处

承兑协议编号 6530239

科目（借）_____
对方科目（贷）_____
转　年　月　日
复核　　记账

（南京市××工厂 财务专用章）

张红
出票人签章
2019 年 10 月 9 日

（中国工商银行 汇票专用章 2××××××）

宋伟
承兑行签章
承兑日期 2019 年 10 月 9 日

备注：

相关资料：苏州市××机械厂提供的银行承兑汇票正面

买方付息贴现业务三方协议书

（编号：121 号）

甲方：中国××银行苏州市分行
乙方：_____（卖方）
丙方：_____（买方）

第一条 甲、乙、丙三方依据《中华人民共和国票据法》、《票据管理实施办法》、《支付结算办法》及本银行《买方付息票据贴现业务暂行办法》等规定，本着平等、自愿、诚实信用的原则，经充分协商签订此协议，以资共同遵守。

第二条 此笔买方付息贴现业务是由乙方在销售商品后，持丙方交付的商业汇票，向甲方申请贴现，贴现利息由丙方承担的业务（即本协议中所称买方付息贴现）。

第三条 甲方职责

1. 甲方收到乙方贴现申请后，依照甲方制定的有关规程办理业务。
2. 甲方在未收妥本协议约定的贴现利息之前，有权拒绝支付贴现款项。

第四条 乙方职责

续表

1. 乙方向甲方申请贴现，应在申请贴现前按规定在甲方开立人民币结算账户。
2. 乙方向甲方申请贴现，应按照有关规定提交商业汇票及有关资料，并保证其真实、合法、有效，如因上述事项不真实而给甲方造成任何损失由乙方承担，甲方有权向乙方追索。
3. 在贴现过程中，乙方应配合甲方办理商业汇票的查询工作。
4. 在贴现过程中，乙方应协助、保证甲方贴现利息的收取。

第五条 丙方职责

1. 丙方知晓并同意此笔贴现业务为买方付息，即贴现利息由丙方承担。
2. 丙方同意并保证在甲方办理此笔贴现业务前，按规定在甲方开立人民币存款账户，并在账户中存入足额贴现利息。
3. 丙方同意并授权甲方在支付贴现款项前有权自动从其账户中扣收本协议约定的贴现利息。
4. 由于丙方原因导致贴现当日甲方无法及时扣收贴现利息造成甲方或乙方损失的，由丙方承担责任。

第六条 经甲方审核，同意对乙方出具的商业汇票_____张，合计票面金额人民币（大写）_____元（详见清单）办理贴现。

第七条 甲、乙、丙三方商定贴现月利率为_____‰。

第八条 本协议项下汇票贴现利息的计算公式为：

贴现利息＝票面金额×贴现天数×贴现月利率/30

第九条 本协议项下汇票贴现利息支付方式为：

由丙方承担利息人民币（大写）_____元。

第十条 本协议未尽事项，由三方协商解决。

第十一条 本协议自三方签订之日起生效。由甲方收回全部票款之日起，本协议自动失效。

甲方：	乙方：	丙方：
（公章）已盖	（公章）	（公章）
法定负责人/授权代表人	法定负责人/授权代表人	法定负责人/授权代表人
（签字）：_____	（签字）：_____	（签字）：_____
年 月 日	年 月 日	年 月 日

买方贴息票据贴现凭证（贴息贷方凭证）　4

申请日期　年 月 日　　　第　号

贴现汇票	种类		号码			持票人	名称												此联银行作贴现利息贷方凭证
	出票日		年 月 日				账号												
	到期日		年 月 日				开户银行												
汇票承兑人	名称					账号				开户银行									
汇票金额	人民币（大写）										千	百	十	万	千	百	十	元 角 分	
贴现率	‰	贴现利息	千 百 十 万 千 百 十 元 角 分				协议书编号												
备注：							科目（贷） 对方科目（借）												
							复核　　　　记账												

练习2：2015年6月8日，昆明市××公司出售电子产品给桂林市××公司，合同中注明以汇票结算方式（双方协议付息，各付50%）交付货款。2015年6月12日，昆明市××公司业务员，持一张桂林市××公司为付款人的商业承兑汇票（号码为A05322345）及相关合法资料到同城的中国××银行昆明市分行票据中心要求办理协议付息贴现业务。假定交易双方均已在该银行开立了人民币结算账户（开户行：中国××银行昆明市分行，昆明市××公司的账号：03202387；桂林市××公司的账号：038024743），客户所提供的资料及相关贴现资格都符合银行要求，故中国××银行昆明市分行票据中心决定以2.78%的贴现利率为其办理协议付息贴现业务。假设你是该银行票据中心业务员，请根据相关资料规范填写协议付息贴现业务三方协议书和协议付息票据贴现凭证。

商业承兑汇票

出票日期贰零壹伍年零陆月零捌日
（大写）

A05322345
第　号

付款人	全称	桂林市××公司	收款人	全称	昆明市××公司
	账号	343-75-231		账号	1029-12-243
	开户银行	中行桂林市××办事处 行号 412097		开户行	农行昆明市××办事处 行号 93343

汇票金额　人民币（大写）　贰佰捌拾万元整　　￥2800000 00

汇票到期日　贰零壹伍年零捌月零捌日　　交易合同号码　29012

本汇票已经承兑，到期无条件支付票款

（桂林市××公司财务专用章）

王磊
承兑人签章

承兑日期 2015年6月8日

本汇票请予以承兑到期无条件付款

（昆明市××公司财务专用章）

罗培
出票人签章

协议付息贴现业务三方协议书

（编号：<u>012</u>号）

甲方：中国××银行昆明市分行
乙方：_____（卖方）
丙方：_____（买方）

第一条　甲、乙、丙三方依据《中华人民共和国票据法》、《票据管理实施办法》、《支付结算办法》及我行《协议付息票据贴现业务管理暂行办法》等规定，本着平等、自愿、诚实信用的原则，经充分协商签订此协议，以资共同遵守。

第二条　此笔协议付息贴现业务是由乙方在销售商品后，持丙方交付的商业汇票，向甲方申请贴现，贴现利息由乙方和丙方根据本协议中约定的比例，共同承担的业务。

第三条 甲方职责

1. 甲方收到乙方贴现申请后，按甲方制定的有关规定办理业务；
2. 甲方在未收妥本协议约定的贴现利息之前，有权拒绝支付贴现款项。

第四条 乙方职责

1. 乙方向甲方申请贴现，应在申请贴现前按规定在甲方开立人民币结算账户，账号：＿＿＿＿＿＿＿＿。
2. 乙方向甲方申请贴现，应按照有关规定提交商业汇票及有关资料，并保证其真实、合法、有效，如因上述事项不真实而给甲方造成任何损失由乙方承担，甲方有权向乙方追索。
3. 在贴现过程中，乙方应配合甲方办理商业汇票的查询工作。
4. 在贴现过程中，由乙方承担的贴现利息，授权甲方在向乙方划付的贴现金额中扣除。
5. 在贴现过程中，由丙方承担的贴现利息，乙方应协助、保证甲方足额及时收取。

第五条 丙方职责

1. 丙方知晓并同意此笔贴现业务为协议付息，即贴现利息由乙、丙双方按本协议规定比例共同承担。
2. 丙方同意并保证在甲方办理此笔贴现业务前，按规定在贴现银行开立人民币存款账户，并在账户中存入应付的足额贴现利息。
3. 丙方同意并授权甲方在支付贴现款项前有权自动从其账户中扣收本协议约定的贴现利息。
4. 由于丙方原因导致贴现当日甲方无法及时足额扣收贴现利息，造成甲方或乙方损失的，由丙方承担责任。
5. 丙方付息账户：＿＿＿＿＿＿＿＿＿＿，开户行账号：＿＿＿＿＿＿＿＿＿＿。

第六条 经甲方审核，同意对乙方出具的商业汇票＿＿＿＿＿＿张，票面金额合计人民币（大写）＿＿＿＿＿＿元（详见清单）办理贴现。

第七条 本协议项下贴现实付金额为：

1. 贴现利息完全由丙方承担时：

贴现实付金额＝汇票票面金额合计

2. **贴现利息由乙方、丙方共同承担时：**

贴现实付金额＝汇票票面金额合计－乙方应承担利息

第八条 甲、乙、丙三方商定贴现利率为＿＿＿＿＿＿‰。

第九条 本协议项下汇票贴现利息的计算公式为：

贴现利息＝票面金额×贴现天数×（月贴现利率/30）

第十条 本协议项下汇票贴现利息支付方式为：

1. 丙方承担贴现利息的＿＿＿＿＿＿％。
应付利息人民币（大写）＿＿＿＿＿＿元。
2. 乙方承担贴现利息的＿＿＿＿＿＿％。
应付利息人民币（大写）＿＿＿＿＿＿元。

第十一条 甲方实付乙方贴现金额：＿＿＿＿＿＿＿＿元人民币（大写）。

第十二条 本协议未尽事项，由三方协商解决。

第十三条 本协议自三方签订之日起生效。自甲方收回全部票款之日起，本协议自动失效。

续表

甲方：	乙方：	丙方：
（公章）	（公章）	（公章）
法定负责人/授权	法定负责人/授权	法定负责人/授权
代表人（签字）：	代表人（签字）：	代表人（签字）：
年　月　日	年　月　日	年　月　日

协议付息票据贴现凭证（贷方凭证）

2

申请日期　　年　月　日　　　　　　　　　第　　号

贴现汇票	种类		号码			持票人	名称			
	出票日		年　月　日				账号			
	到期日		年　月　日				开户银行			
汇票承兑人	名称					账号			开户银行	
买方企业	名称					账号			开户银行	
汇票金额	人民币（大写）							千百十万千百十元角分		
贴现率　‰	贴现利息	买方企业	千百十万千百十元角分	协议书编号：						
		持票人（卖方）		实付贴现金额	千百十万千百十元角分					
		合计								
备注：					科目（贷）活期存款 对方科目（借）　票据贴现 复核　　　　记账					

此联银行作持票人账户贷方凭证

项目五

商业汇票风险的防范与档案管理

一、实训准备

(一) 汇票贴现、转贴现业务风险的知识点

1. 汇票业务的风险构成,见图 5-1。

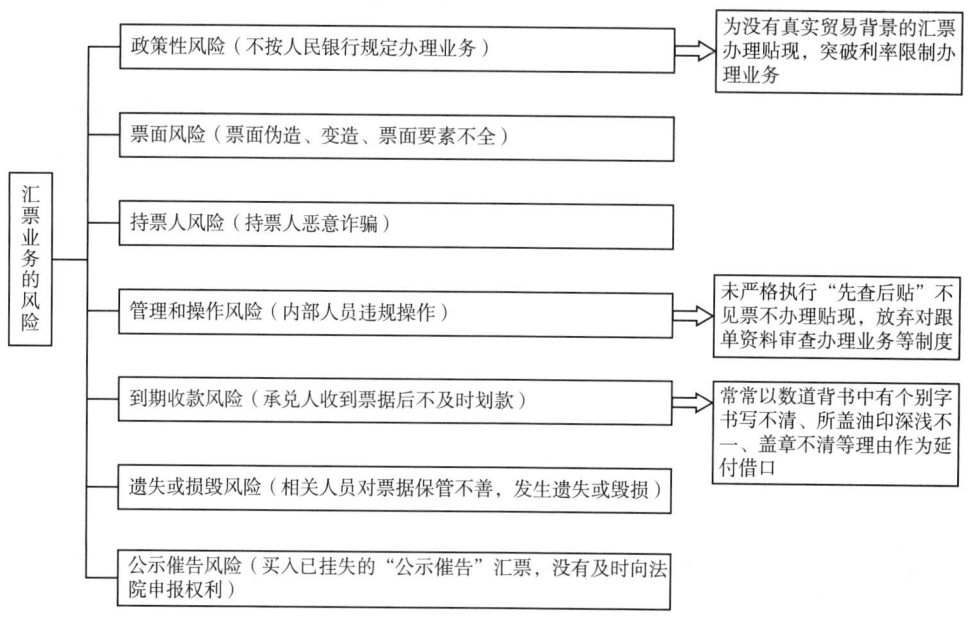

图 5-1 汇票业务风险的构成

2. 汇票业务风险防范的重点,见图 5-2。

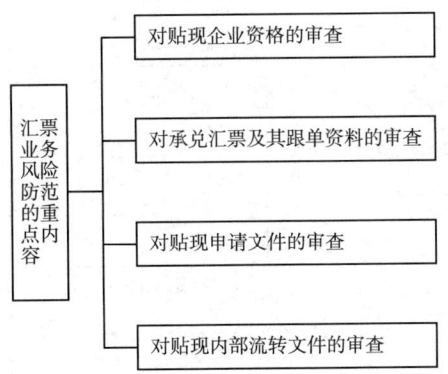

图 5-2 汇票业务风险防范的重点内容

重点内容之一：对贴现企业资格审查的内容，见图 5-3。

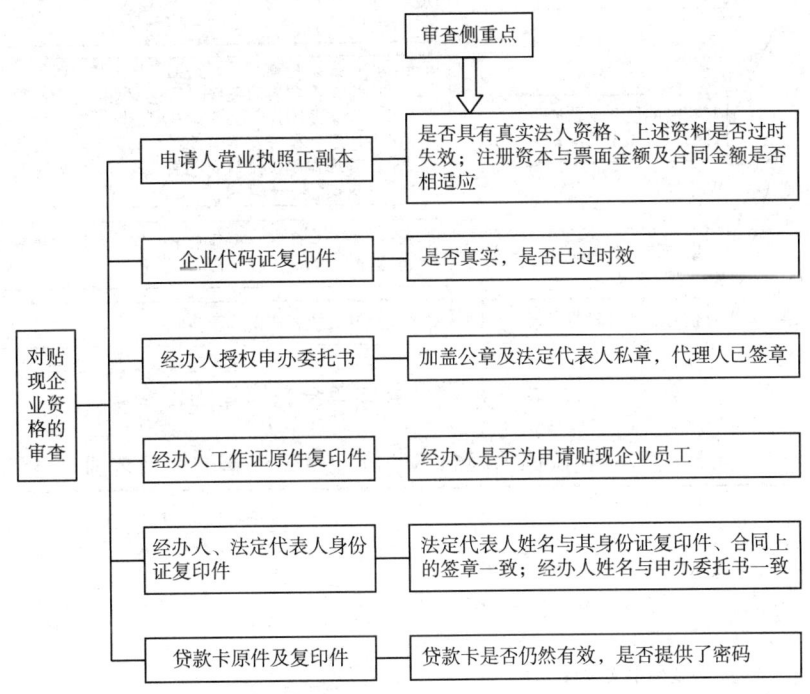

图 5-3 对贴现企业资格审查的内容

重点内容之二：对汇票及其跟单资料的审查，见图 5-4、表 5-1～表 5-2。

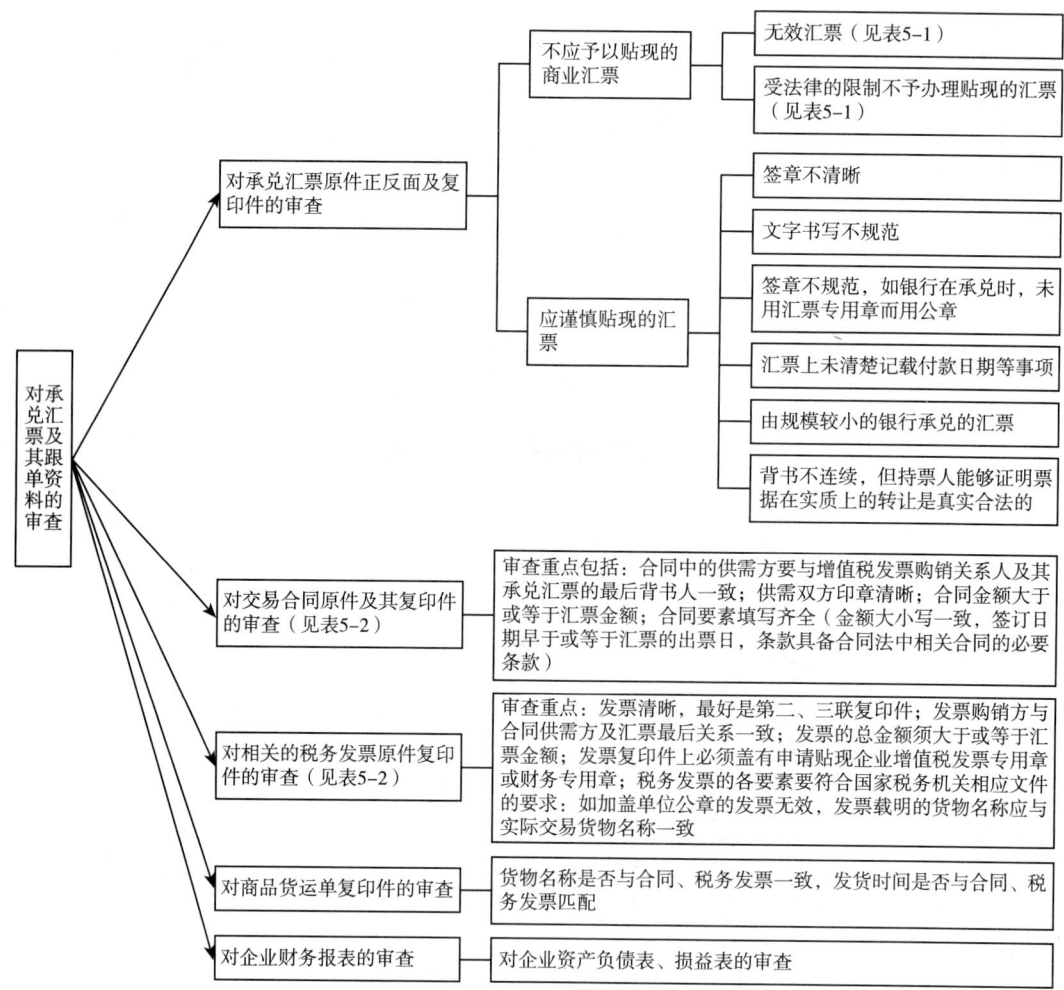

图 5-4 对承兑汇票及其跟单资料审查的内容

表 5-1　无效汇票与受法律的限制不予办理贴现汇票的适用范围

无效汇票	受法律的限制不予办理贴现的汇票
(1) 欠缺汇票的七个必要事项之一（缺少汇票字样、无条件支付的委托、确定的金额、付款人名称、收款人名称、出票日期、出票人签章等任何一项）；(2) 汇票金额、日期、收款人名称涂改；(3) 汇票金额中文大写与小写数字不一致；(4) 超过汇票权利时效的；(5) 伪造、变造的汇票；(6) 无民事行为能力人、限制行为能力人所签发的汇票	(1) 背书时注明了"不得转让"字样的汇票；(2) 质押背书的汇票；(3) 被公示催告的汇票；(4) 明知或应当知道持票人以非法手段持有的汇票
注意：凡已经背书转让的汇票，汇票无效不影响其他真实签章的法律效力。无效汇票上的真实签章人仍应承担相应法律责任	注意：在以汇票设定质押时，出质人未在汇票或粘单上记载"质押"字样而另行签订质押合同、条款的，不构成汇票质押

表 5-2　　　　　　　实际工作中常见的汇票及跟单文件造假方式

对原始文件的造假方式	虽提供真实合同和发票，仍属于欺诈性质的行为
（1）私刻企业印章制作假的商品交易合同；（2）购买非法印制的空白增值税发票打印后使用；（3）对商品交易合同和增值税发票的要素如购销双方名称、交易金额、单价、标的、有效期等使用药水进行销蚀、修改；（4）双方企业相互勾结，签订不发生实际商品交易的合同，或者签订无效经济合同；（5）故意开出真实的增值税发票，再和虚假的商品交易合同一起向银行申请承兑或贴现，在承兑或贴现完成后，又寻找理由向税务机关申请撤销该增值税发票	（1）将同一商品交易合同和增值税发票重复使用，到不同的商业银行申请承兑或贴现；（2）恶意买通企业财务人员，借用这些企业具有真实贸易交易背景的商品交易合同和增值税发票，并伪造或复印这些企业的有关证件，冒用这些企业的名义来向银行申请承兑或贴现

重点内容之三：对贴现申请文件的审查，见图 5-5。

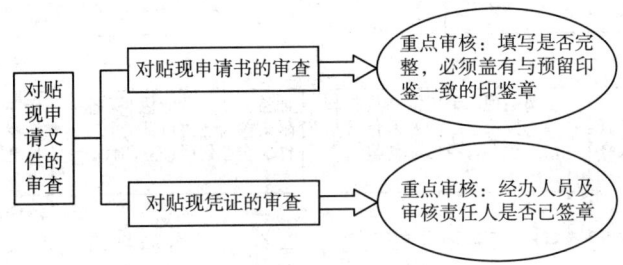

图 5-5　对贴现申请文件的审查内容

重点内容之四：对贴现内部流转文件的审查，见图 5-6。

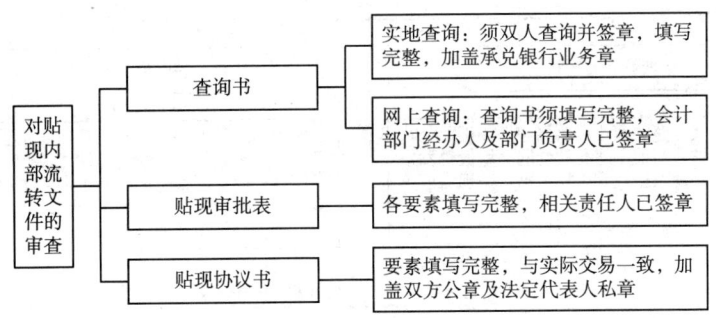

图 5-6　对贴现内部流转文件的审查内容

（二）汇票业务档案管理的知识点

1. 汇票业务档案构成内容，见图 5-7。

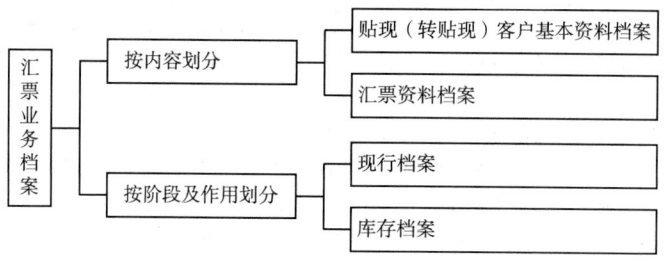

图 5-7 汇票业务档案构成内容

（1）贴现（转贴现）客户基本资料档案内容，见图 5-8。

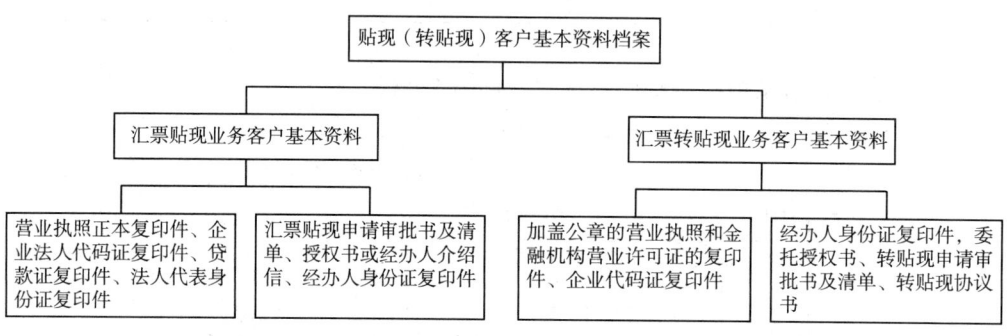

图 5-8 贴现（转贴现）客户基本资料档案内容

（2）贴现（转贴现）汇票资料档案内容，见图 5-9。

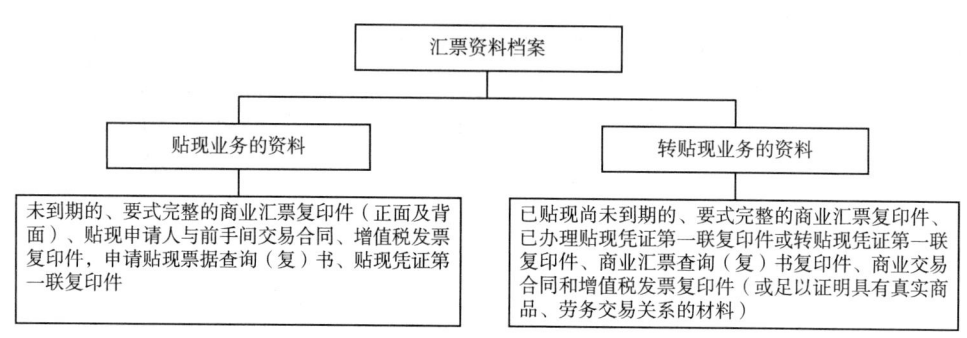

图 5-9 汇票资料档案内容

2. 汇票档案管理原则。

（1）汇票业务档案实行"分类处理、集中保存、统一管理"。

（2）指定专职或兼职档案管理员，对汇票档案实行集中保存、统一管理。档案管理人员对汇票档案的完整性、准确性、系统性负责。

3. 汇票档案的立卷要求。

（1）客户资料档案以客户为单位进行立卷。汇票资料档案分为库存档案与现行档案，库存档案按到期汇票分类存放，回购汇票按贴现客户为单位存放，其他类别按每张汇票到期日进行资料归档立卷。

(2) 汇票贴现（转贴现）审批同意发放后，业务人员应按本细则的第二条的规定收集、整理资料。业务人员对规定资料收集的真实性、准确性、完整性负责。并在业务完成后1~5天内全部移交档案管理人员复审立卷。

(3) 汇票到期后，档案管理员应将到期的票据资料归入库存档案留存。

(4) 立卷要求：

档案中归档的文件要做到完整性、准确性和系统性。

完整性是指在业务中形成的资料，全部搜集齐全归档，没有缺少重要的、关键性文件。

准确性是指归档卷宗的文件手续完备、签章齐全、时间准确、质量符合要求。

系统性是指资料按其形成时间和内在联系有序存放，分类准确、放置得当。

4. 汇票档案的保管。

(1) 档案管理人员应建立归档登记簿对其所管理和经办的汇票档案进行登记，妥善保管。

(2) 档案管理员须定期清点档案，确保在库的档案与档案归档登记簿登记的卷数相符，每卷档案的归档资料齐全。

5. 汇票档案的装订。

(1) 管理员应及时对已结清的项目档案及2年内与我行无业务往来的客户的档案进行整理、装订、归档。

(2) 整理档案时，应进行核对、补充。

(3) 汇票资料档案采用卷盒方式，并按卷盒及案卷脊背的各项目逐项填写清楚。

6. 汇票档案的交接。

更换档案管理员或因业务需要进行移交时，需办理交接手续。交接时，持档人应填写档案交接清单，与档案一并移交给接档人，接档人应对照交接单逐件验收，确认无误后方可接收，交接双方应在交接清单上签字以示负责，有关交接文件资料需建档保管备查。

7. 汇票档案的借阅。

(1) 档案管理员须设立借阅档案登记簿，借阅者因工作需要借阅档案时，须在档案登记簿上登记借阅时间、注明借阅理由，档案借出时间一般不超过三个工作日，如需延期，应办理续借手续。

(2) 档案管理员对借阅者归还的借阅档案检查无误后，方可办理注销手续。如有缺损档案的事情，不予办理注销手续，并追究其责任。

(3) 档案向外提供时，实行审批制度。票据档案需复印对外提供时，需由有关负责人审批签字同意后，方可向外提供。

8. 汇票档案的保管期。归档档案的保管期为汇票到期日后的2年。

二、实训项目

（一）实训目标

1. 了解商业汇票业务经营过程中各类风险的形成及特点。

2. 掌握商业汇票业务相关跟单资料、汇票票面的审核要求，了解汇票业务风险防范控制等制度要求。

3. 掌握商业汇票业务档案构成的基本内容，了解汇票档案的立卷、保管、交换、借阅等银行规章制度。

（二）实训的要点提示

1. 对于客户提出的"先贴现后查询"的要求，原则上不办理。如优质大客户需要办理此项业务的，经所在行领导批准，制定业务操作流程，与企业签订承诺保证合同，方可办理。贴现办理后，应立即补办查询手续。

2. 汇票真伪及汇票贴现业务的合规性审核应该作为重点的风险防范内容。

3. 异地企业主动上门到银行要求办理贴现业务的，原则上只允许由业务经验丰富的经办人员认真调查企业的背景，严格验审票据，不得先贴后查。

实训操作

练习1：2015年8月11日，茂名××公司业务员持一张商业承兑汇票（号码A082932737）及相关符合规定的资料到银行申请办理贴现业务。该汇票正、反面如下图所示。请认真审核票面，根据贴现业务操作规程及票据业务防范要求，鉴定该汇票是否可以办理贴现，并陈述理由。

商业承兑汇票

出票日期 贰零壹伍年伍月零捌日（大写）

A082932737
第　号

付款人	全称	上海市××公司			收款人	全称	重庆市××公司	
	账号	×××-×××-××				账号	×××-×××-××	
	开户银行	中行上海市××办事处	行号	4××××		开户行	农行重庆市××办事处	行号 339088

汇票金额	人民币（大写）壹佰捌拾万元整	千百十万千百十元角分 ¥ 1 8 0 0 0 0 0 0 0

汇票到期日	贰零壹伍年壹拾贰月壹拾日	交易合同号码	××××

本汇票已经承兑　到期无条件支付票款	本汇票请予以承兑于到期日付款
（上海市××公司财务专用章） 李瑞 承兑人签章 承兑日期 2015年6月9日	（重庆市××公司财务专用章） 王晶 出票人签章

结论：　　　　　　　　　　　　　理由：

练习2：2015年12月16日，我银行客户威达××贸易公司因业务需要，来申请办理银承汇票的贴现业务。请根据以下资料，对该业务是否予以办理做出审查判断，并说明理由。

银行承兑汇票贴现调查、审（报）批表

贴现行：商业银行××支行营业部　　　　2015年12月16日　　　　金额单位：人民币万元

	贴现申请人全称		威达××贸易公司		
	出票人	上海××钢铁厂		收款人	南京××公司
	出票人账号	023-3489-732		汇票号码	A038923
	付款行名称	工行北京市××支行		付款行行号	504342
	票面金额	180		承兑协议编号	043423
	出票日期	2015-9-28		到期日期	2015-12-12
客户部门调查	贴现申请人	基本情况	法定代表人	××	注册资本	2 000
			经营范围	纺织品	单价性质	××
		主要财务数据（近期）	总资产	××	总负债	××
			所有者权益	××	资产负债率	××
			上年销售收入	××××	上年净利润	××××
		信用状况	信用等级	A	本年授信额度	××
			在我行信用余额	××××	在我行贴现余额	××××
			在我行存款余额	××××	贷款五级分类形态	××
			与我行合作情况		良好	
	交易事项基本内容					
	交易合同及发票审核		合同签订时间	2015-9-25	发票开立时间	2015-9-21
			交易是否属于双方经营范围	是	发票种类	增值税
			合同编号	30292	发票号码	4527893
			合同金额	150	发票金额	150
			合同履行情况	正常		
	是否以边贴现边查询方式办理			否		
	风险分析及防范措施			××		
	综合效益分析			××		
	其他事项			无		
	调查人：××　　　　　　　客户部门负责人：××					
	2015年12月17日　　　　　2015年12月19日					

续表

会计部门审核	票据要素是否齐全合规	是	背书是否连续	是
	出票人印章是否清晰有效	是	是否到期	是
	防伪验证是否通过	是	电话或传真核实情况	正常
	密押核对情况	正常	书面查询查复情况	正常
	审核结论：			
	会计员：××× 2015 年 12 月 23 日		会计部门负责人：×× 2015 年 12 月 24 日	

结论： 　　　　　理由：

练习3：2015 年 12 月 21 日，合肥市××工厂业务员持一张银行承兑汇票（号码 A034170）及贴现申请书等相关规定资料前来银行办理贴现业务。该汇票正面如下图所示。请根据贴现业务操作规程及票据业务防范要求，鉴定该汇票是否可以办理贴现，并陈述理由。

银 行 承 兑 汇 票

出票日期　贰零壹伍年零玖月壹拾日
（大写）

A 034170 第　号

出票人全称	武汉市××工厂			收款人	全　称	合肥市××工厂		
出票人账号	0289－8329－378				账　号	109－289－2810		
付款行全称	工行武汉市××办事处	行号	2××××		开户行	农行合肥市××分理处	行号	38667

汇票金额	人民币 （大写）	贰佰捌拾万元整	千百十万千百十元角分
			§2 8 5 0 0 0 0 0 0

汇票到期日	贰零壹伍年壹拾贰月壹拾日	本汇票已经承兑，到期日由本行付款 工行武汉市××办事处	承兑协议编号	23860

本汇票请你行承兑到期无条件付款

（武汉市××工厂财务专用章）

周力
出票人签章
2015 年 9 月 10 日

（中国建设银行汇票专用章 2××××××）

林雷
承兑行签章
承兑日期 2015 年 9 月 10 日

科目（借）_____
对方科目（贷）_____
转账　　年　月　日
复核　　记账

备注：

结论： 　　　　　理由：

练习4：2015年9月10日，某银行票据中心实习生小林为客户办理银行承兑汇票的承兑业务，请指出她填写、出具的银承汇票票面上的书写错误。

银 行 承 兑 汇 票

出票日期贰零壹伍年零玖月壹拾日
（大写）

A 23412345
第　号

出票人全称	九江市××工厂			收款人	全　称	南昌市××工厂		
出票人账号	234－654－909				账　号	0456－345－87		
付款行全称	工行九江市××办事处	行号	23455		开户行	建行南昌市××分理处	行号	36343

汇票金额	人民币（大写）　贰佰捌拾万元整	千百十万千百十元角分
		¥ 2 8 5 0 0 0 0 0 0

汇票到期日　贰零壹伍年壹拾贰月壹拾日

本汇票请你行承兑到期无条件付款

本汇票已经承兑，到期日由本行付款

承兑协议编号　30239

科目（借）_____

对方科目（贷）_____

转账　　年　　月　　日

复核　　　记账

[九江市××工厂财务专用章]

[卢伟] 出票人签章
2015年9月10日

[中国工商银行汇票专用章 2××××××]

[许海] 承兑行签章

承兑日期 2015年9月10日

备注：

错误之处：

练习5：2015年6月3日，南京市××工厂业务员持一张银行承兑汇票（号码A0928172）及贴现申请书等相关规定资料前来银行办理贴现业务。该汇票正反面如下图所示。请根据贴现业务操作规程及票据业务防范要求，鉴定该汇票是否可以办理贴现，并陈述理由。

银行承兑汇票（号码 A0928172）正面

银 行 承 兑 汇 票

出票日期贰零壹伍年零叁月零壹拾日
（大写）

第 2A0928172 号

出票人全称	上海市××工厂	收款人	全 称	南京市××工厂			
出票人账号	0289-8329-378		账 号	109-289-2910			
付款行全称	工行北京市××办事处	行号 2××××		开户行	农行南京市××分理处	行号	38667

汇票金额	人民币（大写） 贰佰捌拾万元整	千百十万千百十元角分 ¥ 2 8 0 0 0 0 0 0

汇票到期日	贰零壹伍年零陆月零贰日	本汇票已经承兑，到期日由本行付款	承兑协议编号
本汇票请你行承兑到期无条件付款 （上海市××工厂 财务专用章） 张海利 出票人签章 2009年3月10日		罗维 承兑行签章 承兑日期 2009 年 3 月 10 日 备注：	科目（借）_____ 对方科目（贷）_____ 转账　　年　月　日 复核　　　记账

银行承兑汇票（号码 A0928172）背面

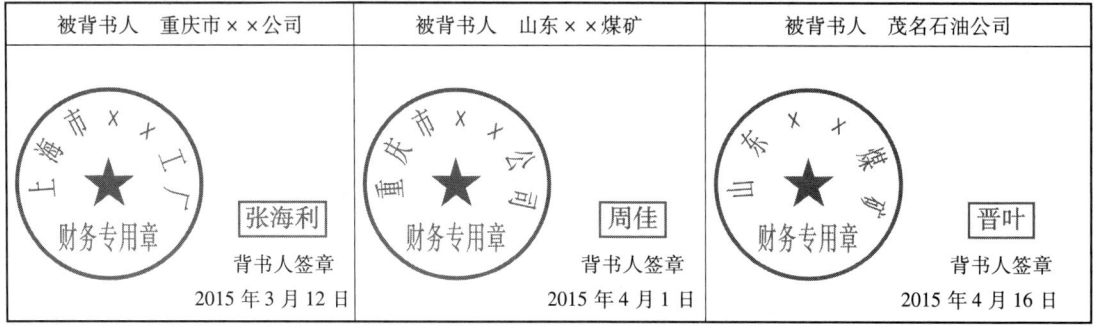

第二篇

中国同业拆借市场

一、同业拆借市场的概念

同业拆借市场（Inter-Bank Market）是以商业银行为主体的金融机构之间以货币借贷方式从事短期资金活动而形成的交易市场。

二、中国同业拆借市场的运作机制（见图1）

三、中国同业拆借市场的重要依托平台
——全国银行同业拆借中心

全国银行同业拆借中心是中国人民银行直属的事业单位，负责管理、组织、监督和稽核国内银行间同业拆借活动。其主要职能包括：（1）组织全国银行间外汇交易；（2）组织人民币同业拆借及债券交易；（3）办理外汇交易的清算交割、负责人民币同业拆借和债券交

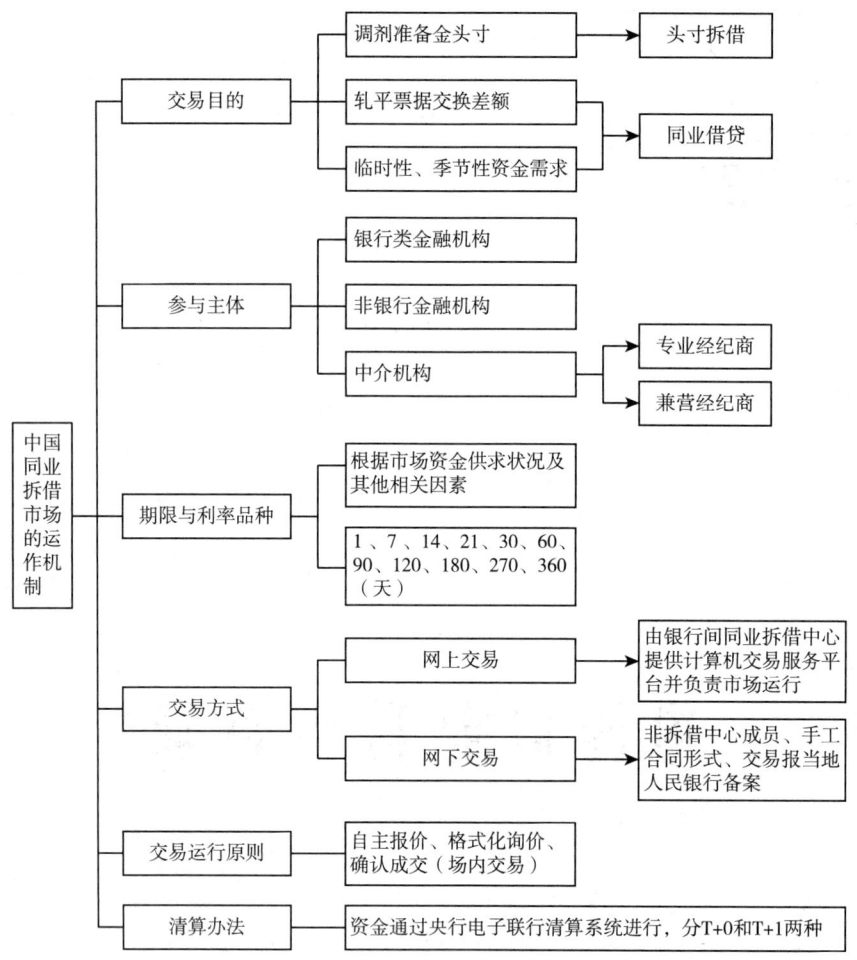

图1 中国同业拆借市场的运作机制

易的清算监督;(4)提供货币市场的信息服务。

我国银行间的信用拆借业务始于1984年,曾经历过几起几落的发展过程。1996年年初,中国人民银行决定依托位于上海的中国外汇交易中心组建全国银行间同业拆借中心,中国外汇交易中心和全国银行间同业拆借中心实行一个法人、两块牌子、一套班子,简称交易中心。1996年1月3日,信用拆借电子交易系统正式启用,标志着全国统一的同业拆借市场在我国诞生,成为辐射全国的资金批发交易市场。

同业拆借市场业务

一、实训准备

(一) 同业资金拆借的知识点

1. 同业拆借业务交易规则，见图 6-1。

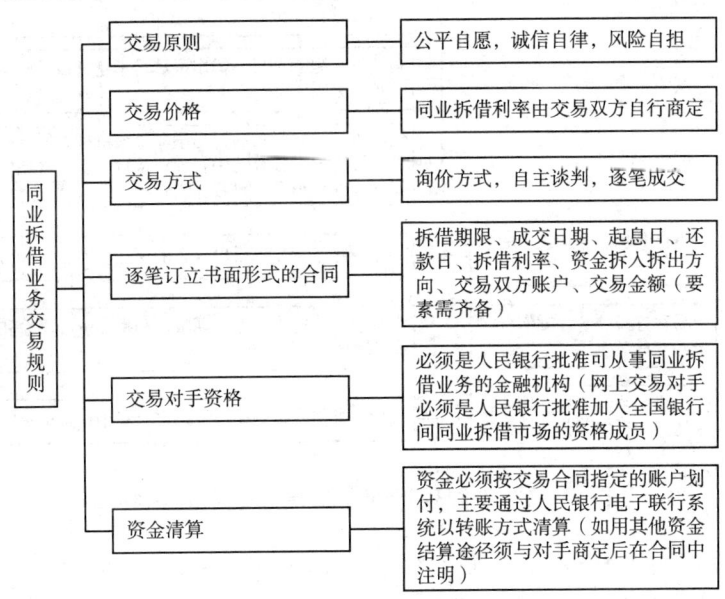

图 6-1 同业拆借业务交易规则

注：(1) 同业拆借利率是拆入方支付给拆出方在拆借期间融入资金的利息与融入资金的比例，以年利率表示。计算利息的基础天数为 360 天。

(2) 同业拆借交易单位为万元，拆借金额最低为 10 万元。资金清算单位为元，保留两位小数。

(3) 同业拆借交易成交日期是拆借双方订立同业拆借合同的日期。起息日是资金拆出方根据合同将资金划至拆入方指定账户的日期，还款日是资金拆入方根据合同将资金划至拆出方指定账户的日期。

(4) 同业拆借期限是起息日至还款日的实际天数，以天为单位，含起息日，不含还款日。

2. 中国现行同业拆借管理规定内容，见图 6-2。

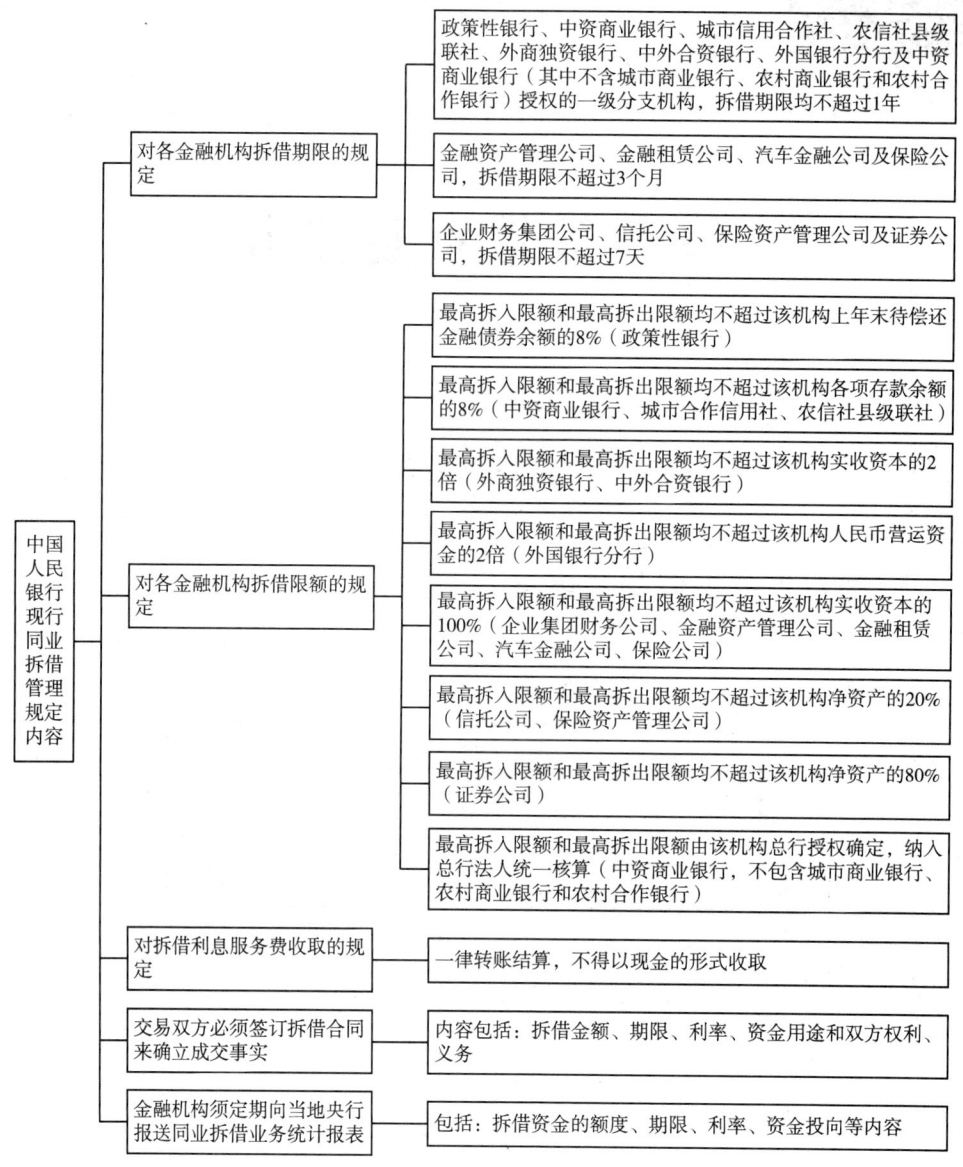

图 6-2 中国现行同业拆借管理规定内容

3. 同业拆借报价、询价方式的具体说明。同业拆借交易有公开报价、对话报价、小额报价三种报价方式，前两种为询价交易方式，后者可通过点击确认、单向撮合成交。

（1）公开报价。公开报价是指当交易系统开市后，交易员通过交易系统把本方拆借交易的意向向市场发布，以寻找交易对象的过程，它是交易成员为引导对手方询价而向其他成员所作的报价。信用拆借公开报价要素包括拆借方向、拆借期限、拆借利率、拆借金额、起息日、还款日等。

具体说明：

规定1：拆借方向必须填写，其他要素可填可不填；

规定2：成交日、起息日、还款日、实际占款天数和交易品种由交易系统自动计算显示，无须填写；

规定3：清算速度只可填入0或1；

规定4：报价可打包发送，填完一笔报价要素后，点击"增加"，该报价即进入待发送列表，此时可继续填报另一笔公开报价的要素。在所有需要发送的报价填报完毕之后，点击"发送"，即完成了报价的打包发送。

规定5：对于同一交易员上一交易日在同一台交易机上发送的公开报价，系统提供"报价再发送"的便捷功能，交易员可使用系统菜单栏下的"报价再发送"快捷键将报价修改确认后发送。

规定6：公开报价可修改、可撤销。

从程序上看，公开报价不能直接成交，必须将其转为对话报价并经双方交谈后才能成交（交易流程见图6-3）。

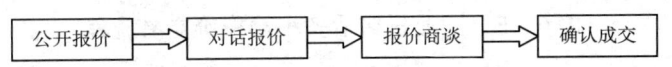

图6-3 同业拆借业务公开报价交易流程

（2）对话报价。对话报价是询价交易方式下交易对手双方"讨价还价"的过程，是交易过程中向特定交易对手的交易员所作的报价。对话报价要素比公开报价多了"到期收款金额、清算账号（户名）、对手方和对手方交易员"四个要素。

具体说明：

规定1：报价时所有交易要素必须全部填写；

规定2：商谈过程中交易方向、对手方、对手方交易员不能修改；

规定3：对话报价交谈最多只能进行8个轮次，超过8轮次后该报价自动转为非活动报价，交易双方需重新开始另一个对话过程。

规定4：报价在对方应答前可修改和撤销，若对方应答后则不能再变动。

规定5：清算速度只可填入0或1；

规定6：报价可打包发送。填完一笔报价要素后，点击"增加"，该报价即进入待发送列表，此时可继续填报另一笔对话报价的要素。待所有报价填报完毕后，点击"发送"，即完成了打包发送。

商谈过程中只要拥有交谈权的一方同意对方报价，即可确认成交（交易流程见图6-4）。

图6-4 同业拆借业务对话报价交易流程

（3）小额报价。小额报价是同业拆借市场中为提高交易效率而采用的一次报价、规定交易数量范围和对手方范围单向撮合的交易方式。如果满足交易数量和交易对手的要求，其他交易成员可以直接通过点击成交，而无须经过询价过程。

小额报价要素和对话报价基本相同，只是少了对手方和对手方交易员两项。小额报价一经报出不能修改，对未成交部分可予撤销。

进行小额报价时首先要设置单笔成交金额的上限和下限、对手方范围。交易对手方范围限定了哪些交易成员可看到小额报价并点击成交。若不设对手方范围，则所发出的小额报价是无效的，即市场上没有人可看到报价方所发出的报价。

小额报价可点击确认成交，即报价发出后，在报价方所指定的对手范围内，交易对方只需填入本方成交数量、选择本方清算账户即可直接确认成交，无须与报价方进行交谈。小额报价成交时不仅受单笔成交上下限的限制，还受市场限额、成员间授信和交易员限额的限制，只有都满足了以上限制才能成交。成交后，系统自动将成交金额自报价方的原报价量中扣减。若应答方所填入的成交金额超过剩余数量，则按实际剩余数量成交（交易流程见图6-5）。

图6-5 同业拆借业务小额报价交易流程

4. 同业拆借业务岗位设置结构及职责，见图6-6。

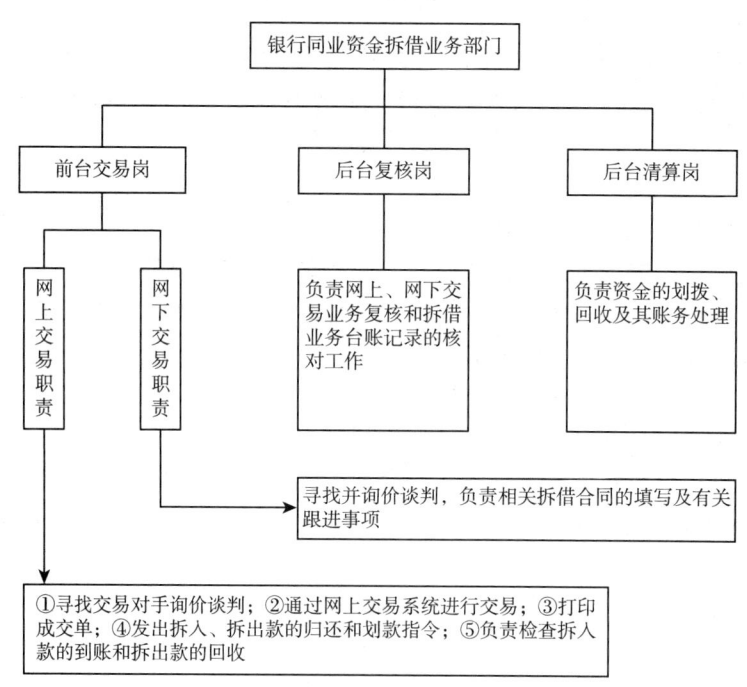

图6-6 同业拆借业务岗位设置结构及职责

（二）同业拆借业务流程

1. 同业资金拆入业务流程。

（1）网下拆入资金，见图6-7。

（2）网上拆入资金，见图6-8。

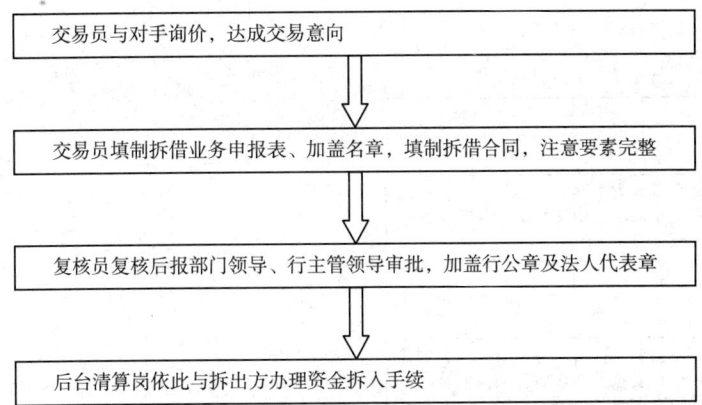

图 6-7 同业网下拆入资金业务流程

注：(1) 关于起息日的处理：交易员要及时通过中国人民银行头寸查询系统查询当日拆入款的到账情况。

(2) 关于到期还款的处理：交易员应于拆借到期日前一个工作日向清算员发出还款提示，报部门领导审批后，连同拆借合同交由后台清算员办理次日还款。

(3) 复核员要及时记录拆借业务台账并进行核对。

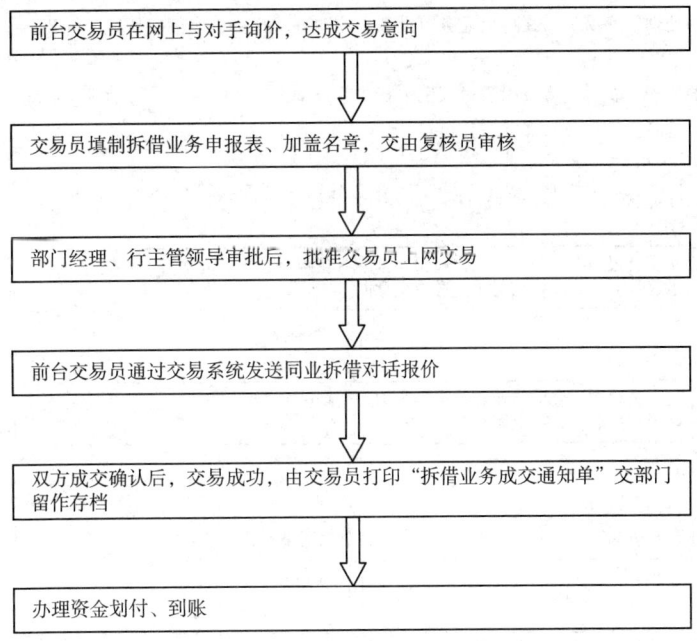

图 6-8 同业网上拆入资金业务流程

注：(1) 交易员要及时通过中国人民银行头寸查询系统密切关注当日拆入款的到账情况。

(2) 交易员应于拆借到期日前一个工作日在"拆借业务成交通知单"上加注还款意见，报部门领导审批后，交由后台清算员办理还款手续。

(3) 复核员要及时记录拆借业务台账并进行核对。

2. 同业资金拆出业务流程。

(1) 网下拆出资金，见图 6-9。

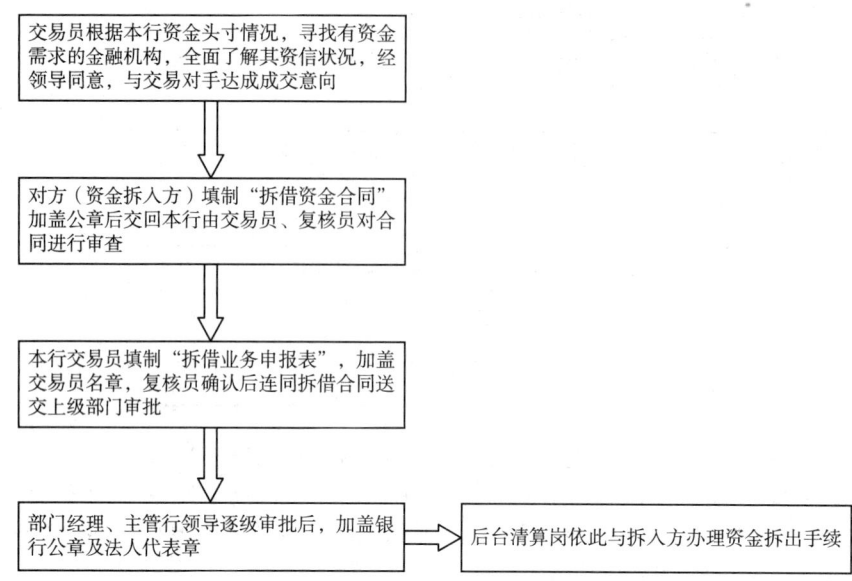

图 6-9 同业资金网下拆出业务流程

注：(1) 交易员应慎重审查资金拆入方金融机构全面的资信状况，初步消除风险隐患。

(2) 关于起息日的处理：交易员需在拆借业务审批表上注明划款指令，经部门领导、行领导逐级审批后，方可交清算员办理划款手续。

(3) 关于到期日的处理：交易员应及时通过人民银行头寸查询系统查收拆出资金的进账情况。

(4) 复核员要及时记录拆借业务台账并进行核对。

(2) 网上拆出资金，见图 6-10。

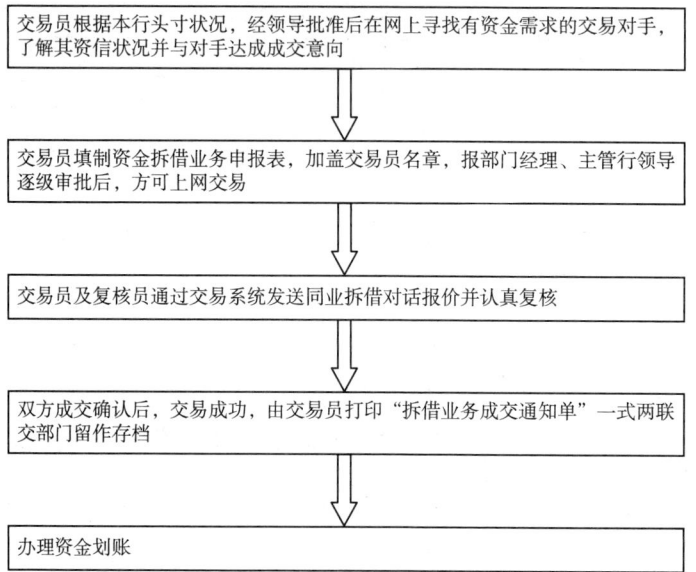

图 6-10 同业资金网上拆出业务流程

(三) 中国同业资金拆借业务的文件示样

示样：实训 6-1 银行同业资金拆借情况统计月报表

银行同业资金拆借情况统计月报

填报单位： 单位：万元

	拆入资金								拆出资金							
	金融机构名称	金额	利率	起息日	到期日	本期已收金额	本期已还金额	余额	金融机构名称	金额	利率	起息日	到期日	本期已到期金额	本期已归还金额	余额
网上拆借（全国银行间同业拆借中心）小计																
网下拆借 小计																
合计																

示样：实训 6-2 银行间信用拆借拆出成交通知单

银行间信用拆借拆出成交通知单（参考文本）

成交日期：2009-10-20　　　　成交编号：I200910200006　　　　交易员：××

拆出方	甲银行		
拆入方	乙银行		
拆出金额（万元）	5 000	成交利率（%）	2
拆借期限（天）	7	手续费（元）	
起息日	2009-10-20	收款日	2009-10-27
应收利息（元）	19 444.44	到期收款金额（元）	50 019 444.44
拆出方户名	甲银行		
拆出方开户行	甲银行（行号：67623870）		
拆出方账号	120098283798		
拆入方户名	乙银行		
拆入方开户行	乙银行（行号：4208870）		
拆入方账号	76512004628372		

成交序号：I0009

二、实训项目

(一)实训目标

1. 了解我国银行间同业拆借市场运作机制、市场构成和中国人民银行对该业务相关的管理规定。
2. 掌握银行同业拆借拆入、拆出;网上、网下资金拆借的基本流程以及风险防范控制等制度要求。
3. 熟练掌握同业拆借的利息计算与交易核算的基本要求。

(二)实训的要点提示

1. 同业拆借的利率通常是以年利率表示,在短期拆借的计算过程中要注意正确转换为日利率。
2. 注意审核在拆借成交通知单中资金融入、融出方关系的正确填制。
3. 注意拆借合同中"拆出金额"与"到期收款金额"分别以不同金额单位表示。

实训操作

练习1:2015年12月21日,A银行与B银行经过商谈,达成协议,以1.54%的同业拆借利率融入4 500万元资金21天并在网上确认成交。假设你作为B银行同业拆借部门前台交易员,请填制银行间信用拆借拆出成交单,注意成交单内各要素完整准确。具体资料:A银行(开户行A银行,行号:689870,账号:14168708008),B银行(开户行B银行,行号:0303049940,账号:20394857)。

银行间信用拆借拆出成交通知单

成交日期:　　　　　　　成交编号:I20151221008　　　　　　　交易员:

拆出方			
拆入方			
拆出金额(万元)		成交利率(%)	
拆借期限(天)		手续费(元)	
起息日		收款日	
应收利息(元)		到期收款金额(元)	
拆出方户名			
拆出方开户行			
拆出方账号			
拆入方户名			
拆入方开户行			
拆入方账号			

成交序号:I0006

练习2:2015年12月2日,A银行与B银行经过商谈,达成协议,以1.21%的同业拆借利率融入

7 500万元资金7天并在网上确认成交。假设你作为B银行同业拆借部门前台复核员，请认真核实拆借成交单中的各要素是否正确，并签署复核意见。具体资料：A银行（开户行A银行，行号：67623870，账号：120098283798），B银行（开户行B银行，行号：0303049940，账号：20394857）。

银行间信用拆借拆出成交通知单

成交日期：2015 - 12 - 02　　　　成交编号：I20151202001　　　　交易员：××

拆出方	A银行		
拆入方	B银行		
拆出金额（万元）	7 500	成交利率（%）	1.21
拆借期限（天）	20	手续费（元）	
起息日	2015 - 12 - 02	收款日	2015 - 12 - 22
应收利息（元）	8 2191.78	到期收款金额（元）	75 082 191.78
拆出方户名	A银行		
拆出方开户行	A银行（行号：67623870）		
拆出方账号	120098283798		
拆入方户名	B银行		
拆入方开户行	B银行（行号：0303049940）		
拆入方账号	20394857		

成交序号：I0005

复核员复核意见：

练习3：2015年11月4日，A银行与B银行经过商谈，达成协议，以1.59%的同业拆借利率融入5 000万元资金30天并在网上确认成交。请分别填写拆借（拆出、拆入）成交通知单中的各要素，注意成交单内各要素完整准确。具体资料：A银行（开户行A银行，行号：3221170，账号：53242322），B银行（开户行B银行，行号：0343349940，账号：22032332857）。

银行间信用拆借拆出成交通知单

成交日期：　　　　成交编号：I201511040005　　　　交易员：山丹

拆出方			
拆入方			
拆出金额（万元）		成交利率（%）	
拆借期限（天）		手续费（元）	
起息日		收款日	
应收利息（元）		到期收款金额（元）	
拆出方户名			
拆出方开户行			
拆出方账号			
拆入方户名			
拆入方开户行			
拆入方账号			

成交序号：I0009

银行间信用拆借拆入成交通知单

成交日期：　　　　　　成交编号：I201511040005　　　　　　交易员：高敏

拆入方			
拆出方			
拆出金额（万元）		成交利率（%）	
拆借期限（天）		手续费（元）	
起息日		收款日	
应收利息（元）		到期收款金额（元）	
拆入方户名			
拆入方开户行			
拆入方账号			
拆出方户名			
拆出方开户行			
拆出方账号			

成交序号：I0009

练习4：请根据相关数据参数计算出同业拆借业务中到期收款金额，并填入表格中。

同业拆借拆出、拆入金额（万元）	商议利率（%）	拆借期限（天）	到期收款金额（元）
6 400	1.160	21	
4 530	1.788	7	
15 000	1.472	1	
2 300	1.673	30	
4 500	1.562	60	
7 700	1.343	90	
7 780	1.239	90	

第三篇

中国银行间债券市场

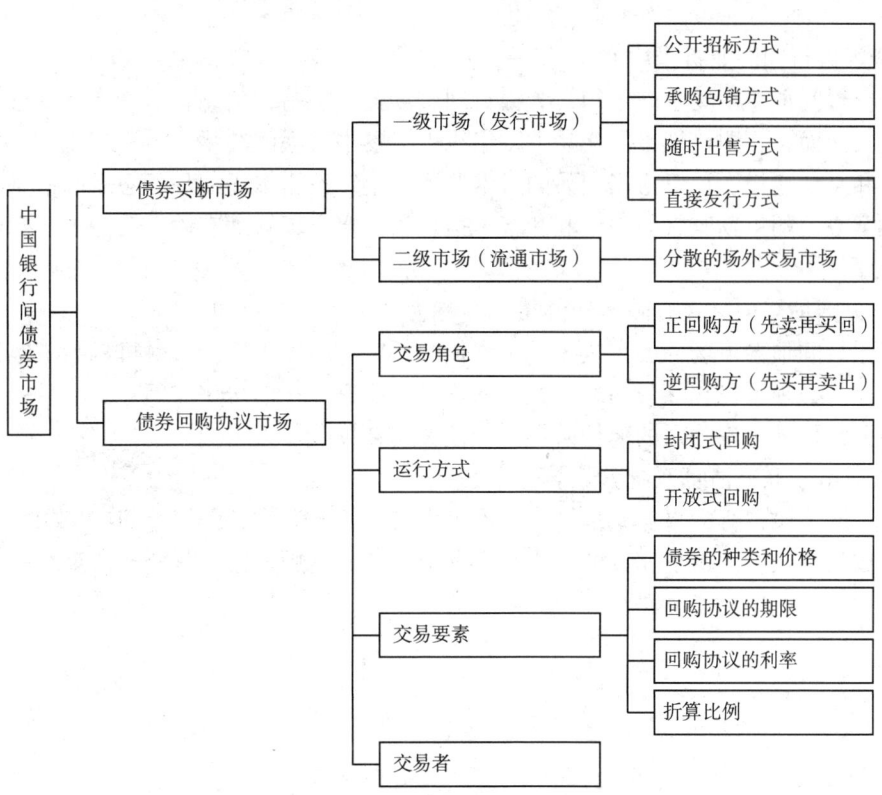

图1 中国银行间债券市场的构成

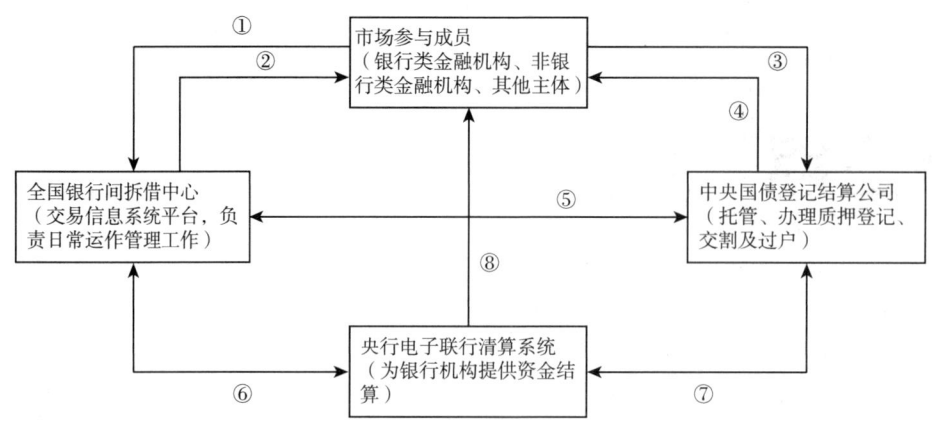

图2 中国现行银行间债券市场各主体关系

注：① 市场参与主体申请加入银行间同业拆借中心，取得交易资格。
② 银行间同业拆借中心为资格成员提供交易信息系统平台，负责日常运作管理工作。
③ 市场参与主体在中央国债登记结算公司登记，办理债券托管手续。
④ 中央国债登记结算公司依据同业拆借中心提供的交易合同，为托管成员办理债券质押登记、过户手续。
⑤ 同业拆借中心与中央国债登记结算公司实时进行交易信息、结算的联系沟通。
⑥ 银行间拆借中心向央行定期提供市场交易情况数据，便于人民银行对市场参与成员的监控。
⑦ 中国人民银行清算系统与中央国债登记结算公司进行信息沟通，实现债券质押登记、交割与券款划付同步进行。
⑧ 中国人民银行通过电子联行清算系统，为系统成员进行资金划拨、清算。

- 全国银行间同业拆借中心

属于银行间债券市场中介组织，为银行间市场提供交易、信息、监管三大平台及其相应的服务。具体而言，即培训市场交易员，组织市场参与者联网交易，负责交易、信息系统的运行维护和发展建设，负责市场交易的日常监测，组织披露市场交易所必需的信息，为人民银行提供全方位的市场监管服务便利和基本信息，落实市场管理有关政策措施，确保市场交易健康有序。

- 中央国债登记结算有限责任公司（简称为"中央结算公司"）

属于银行间债券市场的后台之一，负责债券托管和结算工作。金融机构参与银行间市场的债券交易，必须事先在该公司开设托管账户；交易成员在前台完成债券交易后，必须把成交的有关要素传递到该公司的簿记系统办理债券的结算。

- 央行电子联行清算系统（清算总中心）

属于中国人民银行的事业单位，负责电子支付系统的运作，是银行间市场的另一重要后台。交易成员在银行间市场完成的无论是债券交易还是信用拆借，其资金清算均需通过支付系统实现。

项目七

银行间债券市场回购业务

一、实训准备

(一) 银行间债券市场回购业务的知识点

1. 基本概念。债券回购业务是指交易双方进行的以债券为权利质押的一种短期性资金融通行为，通常资金融入方（正回购方）在将债券出质给资金融出方（逆回购方）融入资金时，双方约定在将来某一日期由正回购方按约定回购利率计算的资金额向逆回购方返还资金，逆回购方向正回购方返还原出质债券的一项业务。

我国银行间债券回购市场业务包括了质押式（封闭式）回购及买断式（开放式）回购业务。

质押式回购是指，资金融入方（正回购方）在将债券出质给资金融出方（逆回购方）融入资金的同时，双方约定在将来某一日期由正回购方向逆回购方返还本金及按约定回购利率计算的利息，逆回购方同时解冻原出质债券。债券质押并不改变债券的所有权，只是在首次交割日将质押债券冻结，到期交割日由逆回购方发出解冻指令后解冻。在交易合同到期前，债券不能买卖，不能再用于质押，资金融出方仅拥有该债券的质权，无权处置质押债券。于是进行封闭式回购业务将使等额债券处于冻结状态，不能流通。

买断式回购（开放式）与原来的质押式回购相比，主要在于用于回购的债券归属权发生改变，可以在回购期间运用。买断式回购由于在回购期间债券的所有权发生转移，在实现融资目标的同时，也具备了一定的融券功能，此举加大了债券市场的流动性，也形成了市场的做空机制。

2. 质押式回购业务的报价询价规定。质押式回购交易包括公开报价、对话报价和小额报价三种报价方式。

(1) 公开报价。质押式回购交易业务公开报价要素包括回购方向、回购期限、回购利率、债券代码、债券名称、券面总额、折算比例、成交总金额、清算速度、成交日、首次交割日、到期交割日、实际占款天数、首次结算方式、到期结算方式和交易品种等。

具体说明：

规定1：回购方向必须填写，其他要素可填可不填。

规定2：公开报价可修改、可撤销。

规定3：报价可打包发送，即交易员填完一笔报价要素后，点击"增加"，该报价即进入待发送列表，此时可继续填报另一笔公开报价的要素。待所有需发送的报价填报完毕后，点击"发送"，即完成了报价的打包发送。

规定4：对于同一交易员上一交易日在同一台交易机上发送的公开报价，系统提供"报价再发送"的便捷功能，交易员可使用系统菜单栏下的"报价再发送"快捷键将报价修改确认后发送。

规定5：正回购操作填入券面总额和折算比例后系统自动算出成交总金额；逆回购操作填入成交总金额和折算比例后系统自动算出券面总额。

规定6：债券名称、成交日、首次交割日、到期交割日、实际占款天数和交易品种由系统自动计算显示，无须填写。

规定7：清算速度只可填入0或1。

从程序上看，公开报价不能直接成交，必须将其转为对话报价经双方交谈才能成交（交易流程见图7-1）。

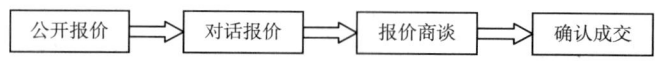

图7-1　银行间债券质押式回购业务公开报价交易流程

（2）对话报价。对话报价是询价交易方式下交易对手双方"讨价还价"的过程，是交易过程中向特定交易对手的交易员所作的报价。

实际交易过程中，正回购方可以发起单券种对话报价，也可发起多券种对话报价；逆回购方则只能发起单券种对话报价。"单券种、多券种"是根据每笔交易质押债券品种数量来划分的，一笔交易只有一只质押债券的为"单券种"，有多只质押债券的则为"多券种"。对话报价的要素比公开报价多了到期还款总额、清算账号（户名）、对手方和对手方交易员四个要素。

具体说明：

规定1：报价时所有交易要素必须全部填写。

规定2：债券名称、成交日、首次交割日、到期交割日、实际占款天数和交易品种由系统自动计算显示，无须填写。

规定3：清算速度只可填入0或1。

规定4：报价可打包发送，即交易员填完一笔报价要素后，点击"增加"，该报价即进入待发送列表，此时可继续填报另一笔对话报价的要素。在所有需要发送的报价填报完毕之后，点击"发送"，即完成了报价的打包发送。

规定5：报价在对方应答前可修改和撤销，若对方应答后则不能再变动。

规定6：交谈过程中交易方向、对手方、对手方交易员不能修改。

规定7：对话报价交谈最多只能进行8个轮次，超过8轮次后该报价自动转为非活动报价。如果还想继续交易，则需要重新发起报价，再进入交谈过程。

规定8：报价区分为公用报价区和券种报价区。公用报价区填写如期限、利率、对手方、结算方式等公共信息；券种报价区则是填报每只质押债券的代码、券面金额和折算比例，系统自动算出每只质押债券对应的成交金额和总的成交金额。质押债券的信息显示在债券列表中，质押债券信息可修改，可删除。

规定9：多券种对话报价要素比单券种少"债券名称"一项，其他要素和规则与单券种相同（银行间债券质押式回购业务交易流程见图7-2）。

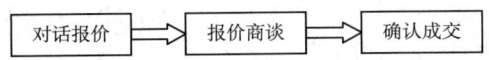

图7-2 银行间债券质押式回购业务对话报价交易流程

（3）小额报价。我国目前的交易系统也为质押式回购交易提供了小额报价的便利：即一次报价、规定交易数量范围和对手方范围单向撮合的交易方式。如果满足交易数量和交易对手的要求，其他交易成员可以直接通过点击成交，而无须再经过询价过程。

银行间债券市场交易系统目前只支持"单券种"小额报价，报价要素和对话报价基本相同，只是少了对手方和对手方交易员两项。小额报价发出后不能修改，对未成交部分可予撤销。

实际交易过程中，小额报价必须先由交易主体的首席交易员在"内部管理"中进行正确设置后才能发送。通常首先对债券回购交易单笔成交金额上下限进行设置，以规定对手方应答小额报价时单笔能成交的最高或最低券面总额。其次是设置对手方范围。对手方范围的设置限定了哪些交易成员可看到小额报价并点击成交。若不设对手方范围，则所发报价可以被所有交易成员看到并点击（这与信用拆借不同，信用拆借小额报价必须设对手方范围，且只有在对手方范围内的交易成员才能点击成交）。最后，在此基础上设置逆回购可接受券种范围，只有设定范围内的券种方可作为本方作为逆回购方时可成交的券种。

小额指报价发出后，对手方范围内的应答方只需填入成交数量、选择清算账户即可直接确认成交，无须与报价方进行交谈。确认成交指令到达交易主机后，系统按照时间优先原则进行成交，此即单向撮合。成交后，系统自动扣减原报价量。若应答方所填入的券面总额超过剩余数量，则按剩余数量成交（交易流程见图7-3）。

图7-3 银行间债券质押式回购业务小额报价交易流程

3. 买断式回购的报价询价规定。

（1）公开报价。买断式回购公开报价要素包括：回购方向、债券代码、债券名称、回购期限、清算速度、券面总额、回购利率、首期交易净价、到期交易净价、首期交易收益率、到期交易收益率、首期交易全价、到期交易全价、首期资金支付额、到期资金支付额、首期结算日、到期结算日、实际占款天数、交易品种等（要素含义见表7-1）。

表 7-1　　　　　　　银行间债券买断式回购业务报价要素含义

要素名称	要素含义
回购方向	正回购或逆回购，即融入或融出资金
债券代码	回购债券的代码
债券名称*	回购债券的名称
回购期限	首期结算日至到期结算日的实际天数，含首期结算日，不含到期结算日（最长不能超过91天）
清算速度	从达成交易到实际清算的实际间隔，有T+0（成交当天进行清算）和T+1（成交第二天进行清算）两种
券面总额	回购债券面值的总量，最低为10万元，以万元为单位变动
回购利率*	根据首期资金支付额和到期资金支付额计算出的参考利率
首期交易净价	首期结算时逆回购方对回购债券支付的债券净价
首期交易收益率*	以首期交易全价买入债券并持有至到期的收益率
到期交易净价	到期结算时正回购方对回购债券支付的净价
到期交易收益率*	以到期交易全价买入债券并持有至到期的收益率
首期结算日应计利息*	上次付息日（或起息日）至首期结算日为止（不含首期结算日）累积的按百元面值计算的债券发行人应付给债券持有人的利息
到期结算日应计利息*	上次付息日（或起息日）至到期结算日为止（不含到期结算日）累积的按百元面值计算的债券发行人应付给债券持有人的利息
首期资金支付额*	首期结算时逆回购方向正回购方支付的资金额。首期资金支付额=（首期交易净价+首期结算日应计利息）×回购债券数量/100
到期资金支付额*	到期结算时正回购方向逆回购方支付的资金额。到期资金支付额=（到期交易净价+到期结算日应计利息）×回购债券数量/100
成交日*	交易双方订立成交合同的日期
首期结算日*	正回购方将回购债券过户到逆回购方而逆回购方将资金划付至正回购方的日期。首期结算日=成交日+清算速度（遇节假日顺延到下一交易日）
到期结算日*	正回购方将资金划付至逆回购方而逆回购方将回购债券过户到正回购方的日期。到期结算日=起息日+回购期限（遇节假日顺延到下一交易日）
实际占款天数*	到期结算日-首期结算日
交易品种*	回购期限所属的统计区间，由系统自动计算并显示
首期结算方式	交易双方约定采用的首期结算时资金支付和债券交割方式。有见券付款、见款付券、券款对付三种
到期结算方式	交易双方约定采用的到期结算时资金支付和债券交割方式。有见券付款、见款付券、券款对付三种
清算账户（户名、开户行、债券托管账号、账号等）	本方用于清算的资金账户
对手方	交易对手方成员简称
对手方交易员	交易对手方交易员姓名

注：带 * 为系统根据已填要素自动算出。

具体说明：

规定1：回购方向必须填写，其他要素可填可不填。

规定2：买断式回购的债券券种范围与用于债券买卖的债券相同。

规定3：买断式回购以净价交易，全价结算。

规定4：到期交易净价加债券在回购期间的新增应计利息应大于首期交易净价。

规定5：回购期限最长不得超过91天。

规定6：清算速度只可填入0或1。

规定7：债券首期交易净价填写后，到期交易净价和回购利率是互动的。即首期交易净价填写后，填写到期交易净价，回购利率自动算出；反之，填写回购利率，到期交易净价自动算出。

规定8：债券首期交易净价和债券首期交易收益率是互动的。填写了首期交易净价，首期交易收益率系统自动计算；反之，填写了首期交易收益率，首期交易净价也由系统自动计算生成。

规定9：债券到期交易净价和债券的到期交易收益率是互动的。规则同上。

规定10：交易双方可协商设定保证金或保证券。公开报价中，保证金、保证券可以选择"有"或"无"，而不需要填写具体数据。

规定11：报价可打包发送，即交易员填完一组报价要素后，点击"增加"，该报价即进入待发送列表，此时可继续填报另一组报价要素。待所有需发送的报价填报完毕后，点击"发送"，即完成了报价的打包发送。

规定12：对于同一交易员上一交易日在同一台交易机上发送的公开报价，系统提供"报价再发送"的便捷功能，交易员可使用系统菜单栏下的"报价再发送"快捷键将报价修改确认后发送。

规定13：公开报价可修改、可撤销。

公开报价不能直接成交，必须将其转为对话报价经双方交谈才能成交（交易流程见图7-4）。

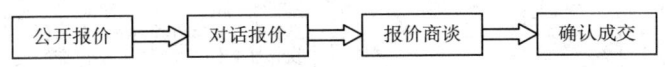

图7-4 银行间债券买断式回购业务公开报价交易流程

（2）对话报价。买断式回购的对话报价要素比公开报价多了首期结算方式、到期结算方式、对手方、对手方交易员、资金清算账户五个要素，如双方协商提供保证金、保证券，则须在弹出的保证金、保证券录入界面填写具体提供方以及券种、数量等。

具体说明：

规定1：对话报价中所有报价要素必须全部填写。

规定2：债券名称、首期交易全价、到期交易全价、首期结算日应计利息、到期结算日应计利息、首期资金支付额、到期资金支付额、首期结算日、到期结算日、实际占款天数、交易品种等由系统自动计算显示，无须填写。

规定3：清算速度只可填入0或1。

规定4：报价可打包发送，即交易员填完一笔报价要素后，点击"增加"，该报价即进入待发送列表，此时可继续填报另一笔公开报价的要素。待所有需发送的报价填报完毕后，点击"发送"，即完成了报价的打包发送。

规定5：报价在对方应答前可以修改或撤销，对方应答后只能终止。

规定6：交谈过程中交易方向、交易券种、对手方、对手方交易员不能修改。

规定7：对话报价交谈最多只能进行8个轮次，超过8轮次后该报价自动转为非活动报价。如果还想继续交易，则需要重新发起报价，再进入交谈过程。

交谈过程中只有拥有交谈权的一方，即主界面对话报价栏中"报价状态"显示为"交谈"的一方同意对方报价，才可确认成交（交易流程见图7-5）。

图7-5　银行间债券买断式回购业务对话报价交易流程

（3）小额报价。买断式回购业务的小额报价也必须先由交易主体的首席交易员在"内部管理"中进行正确设置后才能发送。首先对单笔成交金额上下限进行设置，以规定对手方应答小额报价时单笔能成交的最高/最低券面总额。其次对对手方范围进行设置。对手方范围的设置限定了哪些交易成员可看到小额报价并点击成交。若不设对手方范围，则所发报价可以被所有交易成员看到并点击，这与质押式回购相同。

小额报价发出后，交易对手可以通过点击确认成交，无须与报价方进行交谈。成交后，交易系统自动扣减原报价量。若应答方所填入的券面总额超过剩余数量，则按剩余数量成交。小额报价发出后不能修改，对未成交部分可予撤销（买断式回购业务的交易流程见图7-6）。

图7-6　银行间债券买断式回购业务小额报价交易流程

4. 中国现行债券回购业务的操作要求，见图7-7。

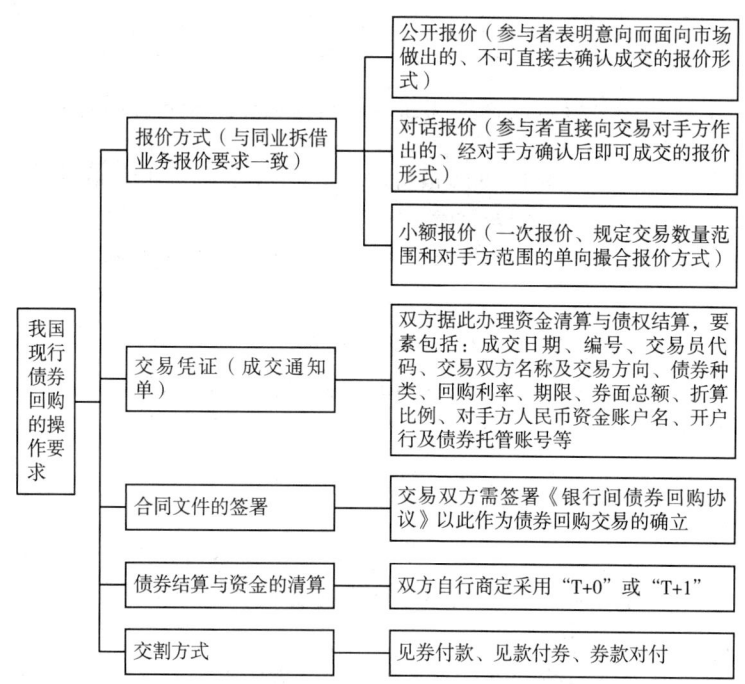

图7-7　中国现行债券回购的操作要求

(二) 中国银行间债券回购市场交易的业务流程

银行间债券回购业务的业务流程（以正回购方为例），见图7-8。

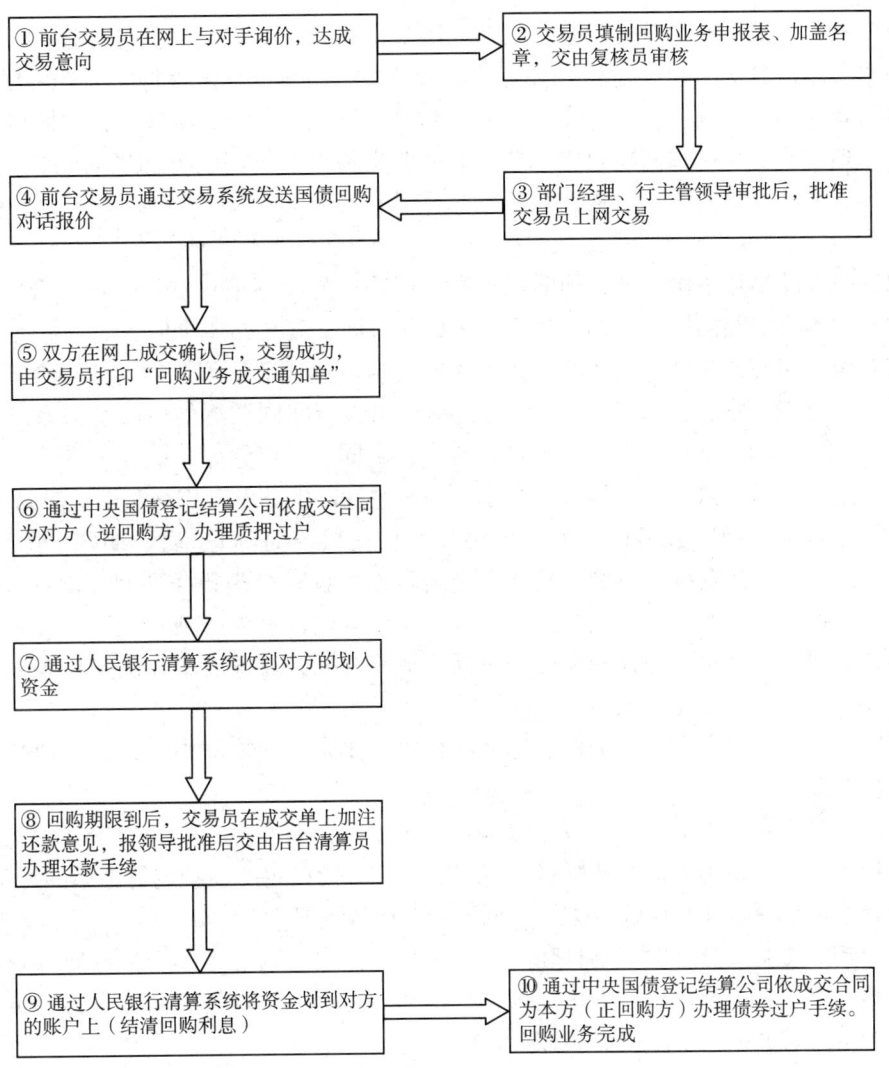

图7-8 银行间债券回购业务的业务流程（以正回购方为例）

(三) 中国银行间债券回购交易业务的文件示样

示样：实训7-1 全国银行间债券市场债券回购主协议

全国银行间债券市场债券回购主协议

第一条 为维护回购双方的合法权益，明确回购双方的权利与义务，根据《全国银行间债券市场债券交易管理办法》等有关法律及规章，参加全国银行间债券市场直接交易的参与者（简称参与者）在平等、自愿、协商一致的基础上，共同签订本协议。

第二条 本协议所称回购双方包括债券回购交易中的正回购方和逆回购方；本协议所称债券、回购、正回购方、逆回购方均按《全国银行间债券市场债券交易管理办法》定义。

第三条 除签订本协议外，回购双方进行回购交易应逐笔订立回购成交合同，回购成交合同与本协议共同构成回购交易完整的回购合同，其在办理质押登记后生效。

第四条 回购成交合同是回购双方就回购交易所达成的协议。回购成交合同应采用书面形式（参考文本附后），其书面形式包括全国银行间同业拆借中心交易系统（简称交易系统）生成的成交单、电报、电传、传真、合同书、信件等。

回购成交合同的内容由回购双方约定，一般包括以下条款：成交日期、交易员姓名、正回购方名称、逆回购方名称、债券种类（券种代码与简称）、回购期限、回购利率、债券面值总额、首次资金清算额、到期资金清算额、首次交割日、到期交割日、债券托管账户和人民币资金账户、交割方式、业务公章、法定代表人（或授权人）签字等；以交易系统生成的成交单、电报和电传作为回购成交合同，业务公章和法定代表人（或授权人）签字可不作为必备条款。

第五条 回购双方在中央国债登记结算有限责任公司（简称中央结算公司）办理债券的质押登记。

质押登记是指中央结算公司按照回购双方通过中央债券簿记系统发送并相匹配的回购结算指令，在正回购方债券托管账户将回购成交合同指定的债券进行冻结的行为。

第六条 成交日期是回购双方订立回购成交合同的日期。

第七条 交割日分首次交割日和到期交割日。首次交割日是办理债券质押登记和逆回购方据此将资金划至正回购方指定账户的日期；到期交割日是正回购方将资金划至逆回购方指定账户并据此解除债券质押关系的日期。

第八条 回购期限是首次交割日至到期交割日的实际天数，以天为单位，含首次交割日，不含到期交割日。

第九条 回购利率是正回购方支付给逆回购方在回购期间融入资金的利息与融入资金的比例，以年利率表示。计算利息的基础天数为365天。

第十条 资金清算额分首次资金清算额和到期资金清算额。到期资金清算额＝首次资金清算额×（1＋回购利率×回购期限/365）。

第十一条 回购交易单位为万元。债券结算单位为万元；资金清算单位为元，保留两位小数。

第十二条 回购双方可以选择的交割方式包括见券付款、券款对付和见款付券三种。

见券付款是指在首次交割日完成债券质押登记后,逆回购方按合同约定将资金划至正回购方指定账户的交割方式。

券款对付是指中央结算公司和债券交易的资金清算银行根据回购双方发送的债券和资金结算指令于交割日确认双方已准备用于交割的足额债券和资金后,同时完成债券质押登记(或解除债券质押关系手续)与资金划账的交割方式。

见款付券是指在到期交割日正回购方按合同约定将资金划至逆回购方指定账户后,双方解除债券质押关系的交割方式。

第十三条 回购双方应按回购成交合同约定,向中央结算公司及时发送内容完整并相符的回购结算指令。回购双方在接到中央结算公司关于回购结算指令不匹配的信息反馈后,应及时沟通,并修改重发。

第十四条 正回购方的权利和义务

正回购方的权利:

(1) 按合同约定获得债券出质融入资金款项;

(2) 收取回购期间所出质债券的发行人支付的债券利息;

(3) 在到期交割日,按合同约定赎回同品种债券。

正回购方的义务:

(1) 按合同约定,及时发送内容完整的回购结算指令;

(2) 在首次交割日,按合同约定的券种和数量出质债券;

(3) 在到期交割日,按合同约定的到期资金清算额支付款项。

第十五条 逆回购方的权利和义务

逆回购方的权利:

(1) 按合同约定的券种、数量取得债券质权;

(2) 回购期间拥有债券质权;

(3) 在到期交割日,按合同约定获得到期资金清算款项。

逆回购方的义务:

(1) 按合同约定,及时发送内容完整的回购结算指令及相关的确认指令;

(2) 在首次交割日,按合同约定的首次资金清算额支付款项;

(3) 在到期交割日,按合同约定的券种和数量返还用于质押的债券。

第十六条 违约及其定义

回购双方中任何一方没有履行回购合同所约定的义务,即构成违约,违约方应向守约方承担违约责任。本协议所称违约包括但不限于以下情形:

(一) 回购成交合同订立后,未按合同约定发送回购结算指令;

(二) 首次交割日,正回购方没有足额债券用于回购质押登记,或在办理债券质押登记后,逆回购方未按合同约定将资金划至正回购方指定账户;

(三) 到期交割日,正回购方没有足额资金用于清算或未按合同约定将资金划至逆回购方指定账户,或者逆回购方收到款后未按合同约定发送收款确认指令。

第十七条 因不可抗力造成债券或资金交割的延误或中断,根据不可抗力的影响程度，部分或全部免除赔偿责任，但法律另有规定的除外。发生债券或资金交割的延误或中断一方，应及时向对方通报不可抗力情况，并提供有效证明文件。

本款所称不可抗力是指回购一方不能预见并且无法防止的外因，包括地震、台风、水灾、山洪等自然灾害，以及罢工、政治动乱、战争等。

第十八条　违约处理

回购双方就一方不履行回购合同发生争议时，应首先协商解决；经协商不能达成协议，任何一方可以向中国人民银行申请认定违约责任；回购双方自接到中国人民银行作出的违约责任认定结果起三个工作日内没有提出异议的，自第四个工作日（含）起的三个工作日内按以下相应的违约处理条款执行：

（一）回购成交合同订立后，(1) 回购双方未按合同约定发送回购结算指令，都发生违约行为的，应分别承担相应的责任；(2) 正回购方未按合同约定发送回购结算指令，或在首次交割日，正回购方没有足额债券用于回购质押登记，发生违约行为的，逆回购方有权要求正回购方继续履行回购合同，也有权终止回购合同，并通知正回购方，同时，逆回购方有权要求补息，并在补息基础上向正回购方加收罚息；(3) 逆回购方未按合同约定发送回购结算指令，发生违约行为的，正回购方有权要求逆回购方继续履行回购合同，也有权终止回购合同，并通知逆回购方，同时，正回购方有权要求补息，并在补息基础上向逆回购方加收罚息。

（二）首次交割日，在办理债券质押登记后，逆回购方未按合同约定将资金划至正回购方指定账户，发生违约行为的，正回购方有权书面要求逆回购方继续履行回购合同，也有权书面终止回购合同，并要求逆回购方最迟于合同终止日的次一营业日解除债券质押关系，同时，正回购方有权要求补息，并在补息基础上向逆回购方加收罚息。

（三）到期交割日，正回购方没有足额资金用于清算，或未按合同约定将资金划至逆回购方指定账户，发生违约行为的，逆回购方有权要求正回购方继续履行回购合同义务，有权要求补息，并在补息基础上向正回购方加收罚息。

（四）到期交割日，逆回购方收到款后未按合同约定发送收款确认指令，发生违约行为的，正回购方有权要求逆回购方继续履行回购合同义务，有权要求补息，并在补息基础上向逆回购方加收罚息。

补息按合同约定的资金清算额、回购利率、资金（或债券）延迟到账天数计算；罚息以合同约定的交割日资金清算额为基数，罚息利率按回购双方的约定利率计算，但最高不得超过中国人民银行准备金账户透支利率，回购双方没有约定的，罚息利率按日利率万分之二计算。

本款所规定的各种违约赔偿可以单独或合并适用违约方。

第十九条　接到中国人民银行作出的违约责任认定结果起三个工作日内没有提出异议，自第四个工作日（含）起的三个工作日内，违约的正回购方不执行第十八条第三项违约处理条款，守约的逆回购方有权要求由中央结算公司通过中国人民银行债券发行系统组织拍卖回购合同项下的债券；拍卖债券所得款项按照第十八条约定计算补息和罚息，先还利息、补息和罚息，后还本金，在补偿利息、补息、罚息和本金后，将剩余部分返还给正回购方，不足部分向正回购方追索。

第二十条　违约方执行违约处理条款后，回购双方在三个工作日内将违约责任的认定与违约处理结果以书面形式报中国人民银行备案。

第二十一条　回购任何一方如对中国人民银行的违约责任认定结果不服，可以向人民法院提起诉讼；接到中国人民银行作出的违约责任认定结果起三个工作日内没有提出异议，自第四个工作日（含）起的三个工作日内，违约方不执行本协议相应违约处理条款时，守约方可以向人民法院提起诉讼。

第二十二条　回购双方可签署补充协议，作为本协议的附属协议，共同遵照执行。补充协议须符合国家法律、法规和中国人民银行的有关规定，并不得与本协议相冲突。

第二十三条　回购交易中的任何一方被终止全国银行间债券市场债券交易资格，应继续履行已达成的回购合同，并执行本协议项下的各项条款。

第二十四条　本协议为开放式协议，由参与者签署后生效。

签署单位：

法定代表人或授权人姓名：

签字：

签字时间：　　年　月　日

签署地：

单位公章：

联系电话：

地址：

示样：实训7-2　银行间质押式债券回购成交合同

银行间质押式债券回购成交合同

回购双方就以下回购条款达成一致：

成交日期：　　年　月　日

正回购方名称：＿＿＿＿	逆回购方名称：＿＿＿＿
债券托管账号：	债券托管账号：
资金开户行：	资金开户行：
开户名称：	开户名称：

续表

开户账号：	开户账号：
债券简称：	债券代码：
债券面值总额：＿＿万元（大写）＿＿＿＿＿＿＿＿	
回购利率回购期限：＿＿天	
首次资金清算额：＿＿元 （大写）＿＿＿＿＿＿＿＿	到期资金清算额：＿＿＿＿元 （大写）＿＿＿＿＿＿＿＿
首次交割日： 年 月 日	到期交割日： 年 月 日
首次交割方式： 见券付款□ 券款对付□	
到期交割方式： 见款付券□ 券款对付□	
正回购方经办人：	逆回购方经办人：
交易员：	交易员：
签章：	签章：
联系电话：	联系电话：
业务公章：	业务公章：
法定代表人或授权人：	法定代表人或授权人：
签订日期：	签订日期：

示样：实训7-3 银行间质押式正回购成交通知单（参考文本）

银行间质押式正回购成交通知单（参考文本）

成交日期：2009-12-23　　　　成交编号：R2009122300022　　　　交易员：××

正回购方	A银行		
逆回购方	B银行		
回购利率（％）	1.1160	回购期限（天）	7
券面总额（万元）	20 000	成交总金额（元）	200 000 000.00
到期还款总额（元）	200 042 805.48	手续费	
首次结算方式	券款对付	到期结算方式	券款对付
首次交割日	2009-12-23	到期交割日	2009-12-30
正回购方户名	A银行		
正回购方开户行	A银行（行号：689870）		
正回购方账号	283798283798		
正回购方债券托管账号	A192878		
逆回购方户名	B银行		
逆回购方开户行	B银行（行号：0768307683）		
逆回购方账号	7876728		
逆回购方债券托管账号	B17287		

续表

债券名称	债券代码	债券面额（万元）	折算比例（%）	成交金额（元）
09国开11	090211	20 000	100.00	200 000 000.00

成交序号：R00029

注：（1）折算比例是质押式正回购交易双方为了防止因交易债券的市场价格波动造成损失，根据市场行情在双方商议下确定的在一定债券面额规模下的融资比例。

（2）回购利率计算利息的年基础天数为365天（与同业拆借、现券买卖的年计息天数360天不同）。

（3）首次交割日与到期交割日遇节假日顺延到下一交易日。

二、实训项目

（一）实训目标

1. 了解我国银行间债券市场的运作机制、市场构成和中国人民银行对该业务相关的管理规定。

2. 掌握我国银行间债券回购业务的基本流程以及正回购、逆回购业务中资金与债券的流转方向，双方关系人相应的权利责任。

3. 熟练掌握债券交易中回购的利息计算。

（二）实训的要点提示

1. 债券回购交易计算利息的基础天数为365天；在交易合同中要注意将年利率正确转换为日利率。

2. 注意债券回购业务中资金融入、融出方所对应的权责关系。

3. 注意债券交易合同中"券面总额"与"成交总金额"、"到期还款总额"分别以不同金额单位表示。

实训操作

练习1：请根据相关数据参数计算出银行间质押式正回购合同中的"成交总额"和"到期还款总额"，并填入表格中。

券面总额（万元）	折算比例（%）	成交总额（元）	成交利率（%）	回购期限（天）	到期还款总额（元）
8 000	95		1.230	7	
6 400	90		1.498	14	
6 500	88		1.234	30	
8 900	105		1.809	60	
5 400	110		1.608	14	
2 500	80		1.084	120	
3 500	95		1.141	240	
3 000	100		1.764	270	
8 500	95		1.344	360	

练习2：2015年3月6日，A银行与B银行交易员经过商谈达成回购协议，A银行先以1.09%的回购利率、券面总额共90 000 000.00元的2015央行01票据（债券代码201501010）卖给B银行融入资金，到期再买回该批债券（回购期为7天），折算比例为97%。假定你是A银行前台交易的复核员，请认真核实以下这张银行间质押式正回购成交通知单中的各要素是否正确，并签署复核意见。具体资料：A银行（开户行A银行，行号：32082，账号：09590，债券托管账号：A2542）；B银行（开户行B银行，行号：75605，账号：756427，债券托管账号：A90323），成交编号：B2015030609，成交序号：B006154。

银行间质押式正回购成交通知单

成交日期：2015-3-6　　　　成交编号：B2015030609　　　　交易员：江燮元

正回购方	A银行		
逆回购方	B银行		
回购利率（%）	1.14	回购期限（天）	7
券面总额（万元）	9 000	成交总金额（元）	85 500 000
到期还款总额（元）	85 518 692.87	手续费	
首次结算方式	见款付券	到期结算方式	见券付款
首次交割日	2015-3-6	到期交割日	2015-3-12
正回购方户名	开户行A银行		
正回购方开户行	行号：32082		
正回购方账号	09590		
正回购方债券托管账号	A2542		
逆回购方户名	B银行		
逆回购方开户行	行号：75605		
逆回购方账号	756427		
逆回购方债券托管账号	A90323		
债券名称	债券代码	债券面额（万元）	折算比例（%）	成交金额（元）
2015央行01票据	201501001	9 000	95	85 500 000

成交序号：B006145

复核意见：

练习3：2015年10月20日，A银行与B银行交易员经过商谈达成回购协议，A银行先以1.16%的回购利率、券面总额共100 000 000.00元的2015国开12债券（债券代码20150212）从B银行融入资金（回购期为14天），到期再买回债券，折算比例为92%。假设你作为A银行同业资金部前台交易员刘祥，请根据相关资料填制银行间质押式正回购成交通知单，注意成交单内各要素完整、准确。具体资料：A银行（开户行A银行，行号：12220，账号：141683270，债券托管账号：A012302）；B银行（开户行B银行，行号：4345355，账号：123452857，债券托管账号：A4322878），成交编号：B20151020001，成交序号：B00012。

银行间质押式正回购成交通知单

成交日期：　　　　　　　　　　　成交编号：　　　　　　　　　　　交易员：

正回购方			
逆回购方			
回购利率（%）		回购期限（天）	
券面总额（万元）		成交总金额（元）	
到期还款总额（元）		手续费	
首次结算方式		到期结算方式	
首次交割日		到期交割日	
正回购方户名			
正回购方开户行			
正回购方账号			
正回购方债券托管账号			
逆回购方户名			
逆回购方开户行			
逆回购方账号			
逆回购方债券托管账号			
债券名称	债券代码	债券面额（万元）	折算比例（%）	成交金额（元）

成交序号：

练习4：2015年11月18日，A银行与B银行交易员经过商谈达成回购协议，A银行先以1.96%的回购利率、券面总额共200 000 000.00元的2015央行票据（债券代码201501048）从B银行融入资金（回购期为21天），到期再买回债券，折算比例为90%。假设你作为B银行同业资金部前台审核人员，请根据相关资料审核银行间质押式逆回购成交通知单，注意成交单内各要素完整、准确，并填写复核意见。具体资料：A银行（开户行A银行，行号：34120，账号：3454220，债券托管账号：A0837362）；B银行（开户行B银行，行号：122355，账号：83723157，债券托管账号：A4333078），成交编号：B2015111800061，成交序号：B000032。

银行间质押式逆回购成交通知单

成交日期：2015-11-18　　　　成交编号：B2015111800061　　　　交易员：山丹

逆回购方	A银行		
正回购方	B银行		
回购利率（%）	1.2110	回购期限（天）	1
券面总额（万元）	20 000	成交总金额（元）	200 000 000.00
到期还款总额（元）	190 044 126.85	手续费	
首次结算方式	见券付款	到期结算方式	见款付券
首次交割日	2015-11-18	到期交割日	2015-11-25
逆回购方户名	A银行		
逆回购方开户行	A银行（行号：34120）		

续表

逆回购方账号	3454220			
逆回购方债券托管账号	A0837362			
正回购方户名	B银行			
正回购方开户行	B银行（行号：122355）			
正回购方账号	83723157			
正回购方债券托管账号	A4333078			
债券名称	债券代码	债券面额（万元）	折算比例（%）	成交金额（元）
2015央行票据48	201501048	20 000	95	200 000 000

成交序号：B000012

复核意见：

练习5：2015年11月23日，A银行与B银行交易员经过商谈达成回购协议，A银行先以1.78%的回购利率、券面总额共58 000 000.00元的09央行票据50A（债券代码0901050）从B银行融入资金（回购期为7天），到期再买回债券，折算比例为93%。请根据相关资料分别填写银行间质押式正回购成交通知单及银行间质押式逆回购成交通知单，注意成交单内各要素完整、准确。具体资料：A银行（开户行A银行，行号：4347520，账号：1264220，债券托管账号：A64362）；B银行（开户行B银行，行号：56445，账号：854323157，债券托管账号：A434578），成交编号：B201511230007，成交序号：B000644。

银行间质押式正回购成交通知单

成交日期：　　　　　　　　　　成交编号：　　　　　　　　　　交易员：

正回购方			
逆回购方			
回购利率（%）		回购期限（天）	
券面总额（万元）		成交总金额（元）	
到期还款总额（元）		手续费	
首次结算方式		到期结算方式	
首次交割日		到期交割日	
正回购方户名			
正回购方开户行			
正回购方账号			
正回购方债券托管账号			
逆回购方户名			
逆回购方开户行			
逆回购方账号			
逆回购方债券托管账号			
债券名称	债券代码	债券面额（万元）	折算比例（%）	成交金额（元）

成交序号：

银行间质押式逆回购成交通知单

成交日期：　　　　　　　　成交编号：　　　　　　　　　　　　交易员：

逆回购方				
正回购方				
回购利率（%）		回购期限（天）		
券面总额（万元）		成交总金额（元）		
到期还款总额（元）		手续费		
首次结算方式		到期结算方式		
首次交割日		到期交割日		
逆回购方户名				
逆回购方开户行				
逆回购方账号				
逆回购方债券托管账号				
正回购方户名				
正回购方开户行				
正回购方账号				
正回购方债券托管账号				
债券名称	债券代码	债券面额（万元）	折算比例（%）	成交金额（元）

成交序号：

练习6：2015年10月20日，A银行与B银行交易员经过商谈达成回购协议，A银行先以1.72%的回购利率、券面总额共100 000 000.00元的2015国开10债券（债券代码20150210）从B银行融入资金（回购期为14天），到期再买回债券，折算比例为88%。假设你作为A银行同业资金部前台交易员刘祥，请根据相关资料填写银行间质押式回购成交合同，注意成交合同内容各要素完整、准确。具体资料：A银行（开户行A银行，行号：12220，账号：141683270，债券托管账号：A012302）；B银行（开户行B银行，行号：4345355，账号：123452857，债券托管账号：A4322878），成交编号：B201510200001，成交序号：B00012。

银行间质押式债券回购成交合同

回购双方就以下回购条款达成一致：

成交日期：　　　年　月　日

正回购方名称：_____　　　　　　逆回购方名称：_____
债券托管账号：　　　　　　　　　　债券托管账号：
资金开户行：　　　　　　　　　　　资金开户行：
开户名称：　　　　　　　　　　　　开户名称：
开户账号：　　　　　　　　　　　　开户账号：
债券简称：　　　　　　　　　　　　债券代码：

续表

债券面值总额：_____万元	（大写）_____
回购利率_____%	回购期限：_____天
首次资金清算额：_____元	到期资金清算额：_____元
（大写）_____	（大写）_____

首次交割日： 年 月 日　　　　　　到期交割日： 年 月 日
首次交割方式：　　见券付款□　券款对付□　见款付券□
到期交割方式：　　见款付券□　券款对付□　见券付券□

正回购方经办人：	逆回购方经办人：
交易员：	交易员：
签章：	签章：
联系电话：	联系电话：
业务公章：	业务公章：
法定代表人或授权人：	法定代表人或授权人：
签订日期：	签订日期：

项目八

银行间债券市场买断业务

一、实训准备

(一) 银行间债券买断市场业务的知识点

1. 债券买断业务的概念。债券买断业务是指交易双方以占有、转让债券权利为目的并伴随债券即时结算交割的市场交易行为。

2. 银行间债券市场买断业务的交易价格。中国银行间债券市场买断业务中,债券现券交易价格分为净价和全价两种表示方法。在实际交易过程中,是采用全价结算的。全价、净价和应计利息三者的关系是:

全价 = 净价 + 应计利息

3. 银行间债券市场买断业务的报价询价规定。与银行间债券回购业务不同的是,债券买断交易中有公开报价、对话报价、双边报价、小额报价四种报价方式。

(1) 公开报价。债券买卖公开报价要素包括交易方向、债券代码、债券名称、净价、应计利息、全价、券面总额、净价金额、全价金额、清算速度、结算方式和清算账户等。

具体说明:

规定1:交易方向和债券代码必须填写,其他要素可填可不填。

规定2:公开报价可修改、可撤销。

规定3:债券名称、应计利息、全价价格、净价金额、全价金额由交易系统自动计算显示,无须填写。

规定4:清算速度只可填入0或1。

规定5:报价可打包发送,即交易员填完一笔报价要素后,点击"增加",该报价即进入待发送列表,此时可继续填报另一笔公开报价的要素。在所有需要发送的报价填报完毕之后,点击"发送",即完成了报价的打包发送。

同样的,交易中公开报价不能直接成交,必须将其转为对话报价经双方交谈才能成交

(交易流程见图8-1)。

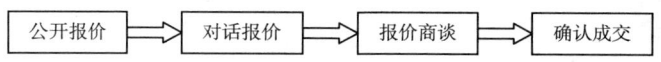

图8-1 银行间债券买断业务公开报价交易流程

(2) 对话报价。是询价交易方式下的"讨价还价"过程。
具体说明：
规定1：报价时所有交易要素必须全部填写。
规定2：交谈过程中交易方向、交易券种、对手方、对手方交易员不能修改。
规定3：债券名称、应计利息、净价金额、全价金额由系统自动计算显示，无须填写。
规定4：报价可打包发送，即交易员填完一笔报价要素后，点击"增加"，该报价即进入待发送列表，此时可继续填报另一笔对话报价的要素。在所有需发送的报价填报完毕之后，点击"发送"，即完成了报价的打包发送。
规定5：报价在对方应答前可修改和撤销，对方应答后只能终止。

交谈过程中只有拥有交谈权的一方，即主界面对话报价栏中"报价状态"显示为"交谈"的一方同意对方报价，才可确认成交(交易流程见图8-2)。

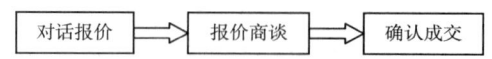

图8-2 银行间债券买断业务对话报价交易流程

(3) 双边报价。是指交易成员在中国人民银行核定的债券买卖价差范围内连续报出该券种的买卖价格及买卖数量、清算速度等交易要素，进行双边报价的交易成员在报价范围内选择与对手方进行交易。进行双边报价的交易成员称为双边报价商，双边报价商也承担着维持市场流动性的义务。

双边报价的报价要素与公开报价要素相同，双边报价方可以点击确认成交，即指报价发出后，应答方只需填入成交券面总额、选择本方清算账户即可直接确认成交，无须与报价方进行交谈。系统根据时间优先的原则进行撮合，即所谓的单向撮合。成交后，报价方所报券面总额相应减少。若应答方所填入的券面总额超过剩余的报价券面总额，则系统按实际剩余数量成交(交易流程见图8-3)。

图8-3 银行间债券买断业务双边报价和小额报价交易流程

(4) 小额报价。与对话报价相比，小额报价要素基本相同，只是少了对手方和对手方交易员两项。小额报价发出后不能修改，对未成交部分可予撤销。

债券买卖没有交易限额和成员间授信的限制，但如果要进行小额报价必须先由交易主体的首席交易员在"内部管理"中进行正确设置。首先对单笔成交金额上下限进行设置，其次再设置对手方范围。对手方范围的设置限定了哪些交易成员可看到小额报价并点击成交。若不设对手方范围，则默认为全部成员都在范围内，所发报价可以被所有交易成员看到并点击,这和银行间债券回购业务交易是一致的。

(二) 银行间短期债券买断市场交易的业务流程

银行间短期债券买断业务的业务流程(以出售方为例),见图 8-4。

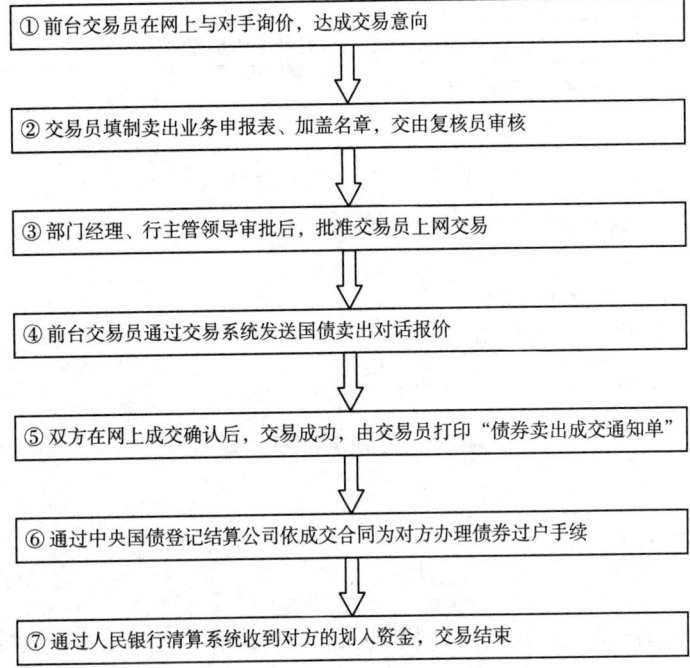

图 8-4 银行间债券市场买断业务的业务流程

(三) 中国银行间债券市场买断交易业务的文件示样

示样:实训 8-1 银行间债券买入成交通知单

银行间债券买入成交通知单(参考文本)

成交日期:2009-12-21　　　成交编号:B2009122100042　　　交易员:××

买入方	A 银行		
卖出方	大地证券有限责任公司		
债券名称	07 国开 01	债券代码	070201
净价(元/百元面值)	100.440	应计利息(元/百元面值)	1.222
全价(元/百元面值)	101.662	券面总额(万元)	5 000
净价金额(元)	50 220 000.00	应计利息总额(元)	611 068.49
全价金额(元)	50 831 068.49	手续费	
交割日	2009-12-21	结算方式	券款对付

续表

买入方户名	A银行
买入方开户行	A银行（行号：689870）
买入方账号	283798283798
买入方债券托管账号	A00192878
卖出方户名	大地证券有限责任公司
卖出方开户行	辽宁省工行沈阳市××支行（行号：0768307683）
卖出方账号	2328379034546
卖出方债券托管账号	A008210002

成交序号：B00012

注：（1）银行间债券市场买断业务利率计算利息的年基础天数仍为360天（与质押式回购业务的计息天数365天不同）。

（2）债券交易是以全价金额来结算、交割。

（3）应计利息（元/百元面值）＝起息天数×（债券利率/360）×100

二、实训项目

（一）实训目标

1. 了解我国银行间债券市场的运作机制、市场构成和中国人民银行对该业务相关的管理规定。

2. 掌握我国银行间债券买断业务的基本流程以及业务中资金与债券的流转方向，双方关系人相应的权利责任。

3. 熟练掌握债券买断交易中利息的计算。

（二）实训的要点提示

1. 在银行间债券买断业务交易计息过程中要注意将年利率正确转换为日利率。

2. 注意债券买断业务中债券买入与卖出方所对应的权责关系。

3. 注意债券交易合同中"券面总额"、"净价金额"、"全价金额"与"应计利息总额"分别以不同金额单位表示。

实训操作

练习1：2015年4月1日，A银行与B银行交易员经过商谈达成协议，以净价97.66（元/百元面值）的价格卖给B银行一年期2015国开11债券，债券代码2015011（发行日期2015年3月1日，年利率3.75%，券面总额8 500万元）并在网上确认成交。假设你作为B银行同业资金部前台核算人员，请认真核实银行间债券买入成交单，注意成交单内各要素完整准确。并填写审核意见。具体资料：A银行（开户行A银行，行号：321330，账号：047883270，债券托管账号：A008241102）；B银行（开户行B银行，行号：16755，账号：09194857，债券托管账号：B0010878），成交编号：B201504010003，成交序号：B0006。

银行间债券买入成交通知单

成交日期：2015－4－1　　　　　成交编号：B201001042　　　　　交易员：古雅莎

买入方	B 银行		
卖出方	A 银行		
债券名称	2015 国开 11 债券	债券代码	2015011
净价（元/百元面值）	97.660	应计利息（元/百元面值）	0.3124
全价（元/百元面值）	97.9724	券面总额（万元）	6 500
净价金额（元）	63 479 000	应计利息总额（元）	203 060
全价金额（元）	63 682 060	手续费	
交割日	2015－4－1	结算方式	见券付款
买入方户名	B 银行		
买入方开户行	B 银行（行号：16755）		
买入方账号	09194857		
买入方债券托管账号	B0010878		
卖出方户名	A 银行		
卖出方开户行	A 银行（行号：321330）		
卖出方账号	09194857		
卖出方债券托管账号	A008241102		

成交序号：B00012

审核意见：

练习2：2015年5月28日，A银行与B银行交易员经过商谈达成协议，以净价100.88元的价格，应计利息1.418（元/百元面值），买入B银行2015国开02债券（债券代码20150202，券面总额6 000万元）并在网上确认成交。假设你作为A银行同业资金部前台交易员王强，请填制银行间债券买入成交单，注意成交单内各要素完整准确。具体资料：A银行（开户行A银行，行号：253220，账号：141683270）；B银行（开户行B银行，行号：123316755，账号：2311194857）。

银行间债券买入成交通知单

成交日期：　　　　　成交编号：B201505280009　　　　　交易员：

买入方			
卖出方			
债券名称		债券代码	
净价（元/百元面值）		应计利息（元/百元面值）	
全价（元/百元面值）		券面总额（万元）	
净价金额（元）		应计利息总额（元）	
全价金额（元）		手续费	
交割日		结算方式	

续表

买入方户名	
买入方开户行	
买入方账号	
买入方债券托管账号	
卖出方户名	
卖出方开户行	
卖出方账号	
卖出方债券托管账号	

成交序号：B00012

练习3：2015年5月28日，A银行与B银行交易员经过商谈达成协议，以净价99.66（元/百元面值）的价格卖给B银行2015农发行0B债券，债券代码20150312（发行日期2015年3月1日，年利率3.03%，券面总额7 500万元）并在网上确认成交。假设你作为A银行同业资金部前台核算人员，请认真核实银行间债券卖出成交单，注意成交单内各要素完整准确。并填写审核意见。具体资料：A银行（开户行A银行，行号：253220，账号：141683270，债券托管账号：A008210002）；B银行（开户行B银行，行号：123316755，账号：2311194857，债券托管账号：A00192878），成交编号：B201505280001，成交序号：B00012。

银行间债券卖出成交通知单

成交日期：2015-4-1　　　　成交编号：B201505280001　　　　交易员：范纯

卖出方	A银行		
买入方	B银行		
债券名称	2015国开01债券	债券代码	6100312
净价（元/百元面值）	99.4400	应计利息（元/百元面值）	0.7491
全价（元/百元面值）	100.1891	券面总额（万元）	7 000
净价金额（元）	69 608 000	应计利息总额（元）	524 370
全价金额（元）	70 132 370	手续费	
交割日	2015-4-1	结算方式	见券付款
买入方户名	B银行		
买入方开户行	B银行（行号：123316755）		
买入方账号	2311194857		
买入方债券托管账号	A00192878		
卖出方户名	A银行		
卖出方开户行	A银行（行号：253220）		
卖出方账号	141683270		
卖出方债券托管账号	A008210002		

成交序号：B00012

审核意见：

货币市场业务综合实训练习

1. 假定你是某银行票据中心业务员,现在有两个客户分别携带资料到银行要求办理银承汇票的承兑业务(具体资料如下),请认真审核,按照汇票承兑审核要求及风险防范控制等制度要求作出审核意见。(10 分)

客户 1:2009 年 11 月 9 日,福建××汽车有限责任公司业务员持相关资料到银行请求银行为其办理汇票承兑业务。申请开立以上海梅林钢铁厂为收款人,票面金额为 30 000 000.00 元的银行承兑汇票。提供的具体资料包括有:(1)福建××汽车有限责任公司法人营业执照、法人代码证书、税务登记证;(2)贷款证(卡)及密码;(3)福建××汽车有限责任公司法定代表人身份证和身份证复印件;(4)经审计的福建××汽车有限责任公司 2008 年度及近两年财务报表;(5)福建××汽车有限责任公司章程和董事会决议;(6)有效的担保、抵押材料凭证;(7)承兑申请书;(8)商品交易合同和有关货物发运单据。

假定你为该银行的业务经理,请认真审核客户提供的这份商品交易合同,并提出相关意见。

优质锰钢供需合同

需方(甲方):福建××汽车有限责任公司　　合同编号:5092MNW629

　　　　　　　　　　　　　　　　　　　　　　签订地点:福建厦门

供方(乙方):上海梅林钢铁厂　　　　　　　　签约时间:2009 年 11 月 2 日

根据甲、乙双方就锰钢供需的具体事宜,通过友好协商,达成一致意见,共同签订本合同。

1. 锰钢品种:优质锰钢。
2. 数量及交货期限。
2.1　交货期限:2009 年 11 月 23 日—2009 年 12 月 13 日。
2.2　交货日期指运输货车抵达目的地之日。
2.3　数量:1.5 万吨。
3. 装运地及到达港。
装运地:上海梅林钢铁厂南屋 2 号仓库。
到达地:福建厦门。

4. 收货人、交货地点及方式。

4.1 收货人：福建××汽车有限责任公司。

4.2 交货地点（即本合同履约地点）：福建××汽车有限责任公司张家屋仓库。

4.3 按惯例交货方式交接。

5. 价格。

结算价格：优质锰钢基本价：2 000 元/吨。

6. 履约权利与责任。

在合同执行过程中，甲乙双方均有权对本合同提出书面修改意见，对此甲、乙双方应本着相互理解、合作的精神进行协商，在双方未就修改意见达成一致及制作书面文件之前，提出的修改意见不得视为成立。

7. 结算及付款期限。

7.1 乙方需按结算价格分三（批）次开具全额增值税发票。

7.2 自办理完结算票据日起，甲方在 10 个工作日内以银承汇票（买方付息）方式付清货款。

8. 运输、风险及投保。

8.1 由上海万里货运公司承运本合同标的，运费为 200 元/吨，乙方负责租用火车车皮运输，车辆载重量应符合国家道路管理运输的技术要求。否则造成的损失由乙方承担。

8.2 货物到达交货地点前，货物风险由乙方承担，乙方负责按每吨优质锰钢基价投保，办理优质锰钢的路上运输保险，并承担保险费，以及在发生事故时的理赔工作。

9. 违约责任。

9.1 甲方不能按合同付款期付款，其延期部分按中国人民银行有关延期付款的规定向乙方支付违约金。

9.2 因乙方产品质量造成甲方的声誉及直接经济损失由乙方承担。

10. 争议解决。

10.1 按本合同规定应该偿付的违约金、赔偿金和各种经济损失，应当在明确责任后 10 天内，按银行规定的结算方法付清，否则按逾期付款处理。

10.2 甲乙双方对执行合同的一切争执，应先通过友好协商解决。如协商未果，可由签订合同地法院管辖解决。

10.3 诉讼期间双方应继续履行本合同项下的义务。

11. 通知。

传递有关备货、车次、事故等信息时，双方应以传真或挂号邮传的形式，按本合同指定地址传递。

12. 合同生效。

本合同经双方法定代表人或授权代表签署盖章后生效。有效期为本合同约定之供货期限。

13. 其他。

本合同正本一式两份，双方各执一份，副本六份，双方各执三份。

甲方：福建××汽车有限责任公司　　　　　乙方：上海梅林钢铁厂

续表

| 法定代表人：张毅  | 法定代表人：陈敏  |

授权委托代表：无　　　　　　　　　　　　授权委托代表：无

地址：_____　　　　　　　　　　　　地址：_____
电话：059-22987677　　　　　　　　　　　电话：021-91872726
传真：_____　　　　　　　　　　　　传真：_____
开户银行：建行厦门市嘉禾路办事处　　　　开户银行：工行上海市盘古办事处
账号：23087-8093-843　　　　　　　　　账号：54264-892-077

审核结论：

客户2：2009年11月18日，广州市××百货有限公司业务员持相关资料到银行请求银行为其办理汇票承兑业务。申请开立以深圳市五金交电厂为收款人，票面金额为10 000 000.00元的银行承兑汇票。提供的具体资料包括有：（1）广州市××百货有限公司法人营业执照、法人代码证书、税务登记证；（2）贷款证（卡）及密码；（3）广州市××百货有限公司法定代表人身份证和身份证复印件；（4）经审计的广州市××百货有限公司2008年度及近两年财务报表；（5）广州市××百货有限公司章程和董事会决议；（6）有效的担保、抵押材料凭证；（7）承兑申请书；（8）商品交易合同和有关货物发运单据。

双保险开关供需合同

需方（甲方）：广州市××百货有限公司　　合同编号：14MNW0628
　　　　　　　　　　　　　　　　　　　　　签订地点：广东广州
供方（乙方）：深圳市五金交电厂　　　　　签约时间：2009年11月11日
根据甲、乙双方就双保险开关供需的具体事宜，通过友好协商，达成一致意见，共同签订本合同。
1. 保险开关品种：松本牌专业双保险开关。

2. 数量及交货期限。

2.1 交货期限：2009 年 11 月 23 日—2009 年 12 月 13 日。

2.2 交货日期指运输货车抵达目的地之日。

2.3 数量：3 000 箱。

3. 装运地及到达港。

装运地：深圳市五金交电厂五一路 2 号仓库。

到达地：广州市。

4. 收货人、交货地点及方式。

4.1 收货人：广州市××百货有限公司。

4.2 交货地点（即本合同履约地点）：广州市××百货有限公司马标第三仓库。

4.3 按惯例交货方式交接。

5. 价格。

结算价格：松本牌专业双保险开关基本价：960 元/箱。

6. 履约权利与责任。

在合同执行过程中，甲乙双方均有权对本合同提出书面修改意见，对此甲、乙双方应本着相互理解合作的精神进行协商，在双方未就修改意见达成一致及制作书面文件之前，提出的修改意见不得视为成立。

7. 结算及付款期限。

7.1 乙方需按结算价格一次性开具全额增值税发票。

7.2 自办理完结算票据日起，甲方在 10 个工作日内以电汇方式付清货款。

8. 运输、风险及投保。

8.1 由广东飘马货运公司承运本合同标的松本牌专业双保险开关，运费为 200 元/车，乙方负责租车运输，车辆载重量应符合国家道路管理运输的技术要求。否则造成的损失由乙方承担。

8.2 货物到达交货地点前，货物风险由乙方承担，乙方负责按每箱松本牌双保险开关基价投保，办理松本牌双保险开关的路上运输保险，并承担保险费，以及在发生事故时的理赔工作。

9. 违约责任。

9.1 甲方不能按合同付款期付款，其延期部分按中国人民银行有关延期付款的规定向乙方支付违约金。

9.2 因乙方产品质量造成甲方的声誉及直接经济损失由乙方承担。

10. 争议解决。

10.1 按本合同规定应该偿付的违约金、赔偿金和各种经济损失，应当在明确责任后十天内，按银行规定的结算方法付清，否则按逾期付款处理。

10.2 甲乙双方对执行合同的一切争执，应先通过友好协商解决。如协商未果，可由签订合同地法院管辖解决。

10.3 诉讼期间双方应继续履行本合同项下的义务。

11. 通知。

传递有关备货、车次、事故等信息时，双方应以传真或挂号邮传的形式，按本合同指定地址传递。

12. 合同生效。
本合同经双方法定代表人或授权代表签署盖章后生效。有效期为本合同约定之供货期限。
13. 其他。
本合同正本一式两份，双方各执一份，副本六份，双方各执三份。

甲方：广州市××百货有限公司　　　　乙方：深圳市五金交电厂

法定代表人：戴毅　　　　　　　　　　法定代表人：李强

授权委托代表：吴云　　　　　　　　　授权委托代表：王皓

地址：＿＿＿＿＿＿＿＿＿＿　　　　　地址：＿＿＿＿＿＿＿＿＿＿
电话：020 - 34587677　　　　　　　　电话：0755 - 23347266
传真：＿＿＿＿＿＿　　　　　　　　　传真：＿＿＿＿＿＿
开户银行：交行广州市光明北路办事处　开户银行：招行深圳市宝安办事处
账号：6587 - 8473 - 09　　　　　　　账号：09864 - 562 - 997

审核结论：

2. 2009年10月13日，广州市××工厂业务员持一张银行承兑汇票（号码A23412350）及相关资料到同城的中国××银行广东省分行要求办理买方付息贴现业务，用于工厂购买原材料。经过银行审核后，该客户条件及提供的贸易背景等所有资料均符合银行办理贴现的要求。假定交易双方均在该银行开立了人民币结算账户，客户所提供的资料及相关贴现资格都符合银行要求，故中国××银行广东省分行票据中心决定以2.17%的贴现利率为其办理买方付息贴现业务。假设你是该银行票据中心业务员，请根据相关资料规范填写买方付息票据贴现凭证和买方付息贴现业务三方协议书。（10分）

银 行 承 兑 汇 票

出票日期贰零零玖年零玖月零壹拾日
（大写）

A23412350
第　号

出票人全称	珠海市××公司			收款人	全　称	广州市××工厂	
出票人账号	234－654－909				账　号	0456－345－87	
付款行全称	工行珠海市××办事处		行号 2××××		开户行	工行广州市××分理处	行号 3××××
汇票金额	人民币（大写） 贰佰捌拾万元整				千百十万千百十元角分 ￥ 2 8 0 0 0 0 0 0 0		
汇票到期日	贰零零玖年壹拾贰月零壹拾日		本汇票已经承兑，到期日由本行付款			承兑协议编号	30239
本汇票请你行承兑到期无条件付款 （珠海市××公司 财务专用章） 吴利成 出票人签章 2009年9月10日			中国工商银行珠海市××办事处 （中国工商银行 汇票专用章 2×××× ××） 张薇 承兑行签章 承兑日期2009年9月10日			科目（借）————— 对方科目（贷）————— 转账　年　月　日 复核　　　记账	

买方付息贴现业务三方协议书

（编号：094 号）

甲方：中国××银行广东省分行

乙方：_____（卖方）

丙方：_____（买方）

第一条 甲、乙、丙三方依据《中华人民共和国票据法》、《票据管理实施办法》、《支付结算办法》及本银行《买方付息票据贴现业务暂行办法》等规定，本着平等、自愿、诚实信用的原则，经充分协商签订此协议，以资共同遵守。

第二条 此笔买方付息贴现业务是由乙方在销售商品后，持丙方交付的商业汇票，向甲方申请贴现，贴现利息由丙方承担的业务（即本协议中所称买方付息贴现）。

第三条 甲方职责

1. 甲方收到乙方贴现申请后，依照甲方制定的有关规程办理业务。
2. 甲方在未收妥本协议约定的贴现利息之前，有权拒绝支付贴现款项。

第四条 乙方职责

1. 乙方向甲方申请贴现，应在申请贴现前按规定在甲方开立人民币结算账户。

2. 乙方向甲方申请贴现，应按照有关规定提交商业汇票及有关资料，并保证其真实、合法、有效，如因上述事项不真实而给甲方造成任何损失由乙方承担，甲方有权向乙方追索。

3. 在贴现过程中，乙方应配合甲方办理商业汇票的查询工作。

4. 在贴现过程中，乙方应协助、保证甲方贴现利息的收取。

第五条　丙方职责

1. 丙方知晓并同意此笔贴现业务为买方付息，即贴现利息由丙方承担。

2. 丙方同意并保证在甲方办理此笔贴现业务前，按规定在甲方开立人民币存款账户，并在账户中存入足额贴现利息。

3. 丙方同意并授权甲方在支付贴现款项前有权自动从其账户中扣收本协议约定的贴现利息。

4. 由于丙方原因导致贴现当日甲方无法及时扣收贴现利息造成甲方或乙方损失的，由丙方承担责任。

第六条　经甲方审核，同意对乙方出具的商业汇票____张，合计票面金额人民币（大写）_____元（详见清单）办理贴现。

第七条　甲乙丙三方商定贴现月利率为_____‰。

第八条　本协议项下汇票贴现利息的计算公式为：

贴现利息 = 票面金额 × 贴现天数 × 贴现月利率/30

第九条　本协议项下汇票贴现利息支付方式为：

由丙方承担利息人民币（大写）_____元。

第十条　本协议未尽事项，由三方协商解决。

第十一条　本协议自三方签订之日起生效。由甲方收回全部票款之日起，本协议自动失效。

甲方： （公章）已盖 法定负责人/授权代表人 （签字）：_____ 年　月　日	乙方： （公章） 法定负责人/授权代表人 （签字）：_____ 年　月　日	丙方： （公章） 法定负责人/授权代表人 （签字）：_____ 年　月　日

3. 2009年6月8日，重庆市通达机械厂出售设备给上海科园机械厂，合同中注明以汇票结算方式（双方协议付息，卖方付40%，买方付60%）交付货款。2009年6月10日，重庆市通达机械厂业务员，持一张上海科园机械厂为付款人的商业承兑汇票（号码为A05322235）及相关合法资料到同城的中国建设银行重庆市分行票据中心要求办理协议付息贴现业务。假定交易双方均在该银行开立了人民币结算账户（重庆市通达机械厂的账号03202387；上海科园机械厂的账号038024743），客户所提供的资料及相关贴现资格都符合银行要求，故中国建设银行重庆市分行票据中心决定以2.48%的贴现利率为其办理协议付息贴现业务。假设你是该银行票据中心业务员，请根据相关资料规范填写协议付息票据贴现凭证和协议付息贴现业务三方协议书。（15分）

买方贴息票据贴现凭证（贴息贷方凭证）

4

申请日期　　年　月　日　　　　　　　　　　第　号

贴现汇票	种类		号码		持票人	名称	
	出票日	年　月　日				账号	
	到票日	年　月　日				开户银行	

汇票承兑人	名称		账号		开户银行	

汇票金额	人民币（大写）			千 百 十 万 千 百 十 元 角 分

贴现率	‰	贴现利息	千 百 十 万 千 百 十 元 角 分	协议书编号	

备注：

科目（贷）

对方科目（借）

复核　　　　　　记账

此联银行作贴现利息贷方凭证

商　业　承　兑　汇　票

出票日期 贰零零玖年零陆月零捌日
　　　　　　　（大写）　　　　第　号

A05322235

付款人	全　称	上海科园机械厂		收款人	全　称	重庆市通达机械厂	
	账　号	×××－×××－××			账　号	×××－×××－××	
	开户银行	中行上海市××办事处	行号 4××××		开户行	建行重庆市××办事处	行号 3××××

汇票金额	人民币（大写）	壹佰捌拾万元整	千 百 十 万 千 百 十 元 角 分
			¥ 1 8 0 0 0 0 0 0 0

汇票到期日	贰零零玖年零捌月零捌日	交易合同号码	××××

本汇票已经承兑　到期无条件支付票款

（上海科园机械厂财务专用章）

[李兵]

承兑人签章
承兑日期 2009 年 6 月 9 日

本汇票请予以承兑到期无条件付款

（重庆市通达机械厂财务专用章）

[黄宇]

出票人签章

协议付息贴现业务三方协议书

（编号：<u>034</u>号）

甲方：中国建设银行重庆市分行

乙方：_____（卖方）

丙方：_____（买方）

第一条 甲、乙、丙三方依据《中华人民共和国票据法》、《票据管理实施办法》、《支付结算办法》及我行《协议付息票据贴现业务管理暂行办法》等规定，本着平等、自愿、诚实信用的原则，经充分协商签订此协议，以资共同遵守。

第二条 此笔协议付息贴现业务是由乙方在销售商品后，持丙方交付的商业汇票，向甲方申请贴现，贴现利息由乙方和丙方根据本协议中约定的比例，共同承担的业务。

第三条 甲方职责

1. 甲方收到乙方贴现申请后，按甲方制定的有关规定办理业务；
2. 甲方在未收妥本协议约定的贴现利息之前，有权拒绝支付贴现款项。

第四条 乙方职责

1. 乙方向甲方申请贴现，应在申请贴现前按规定在甲方开立人民币结算账户，账号：
2. 乙方向甲方申请贴现，应按照有关规定提交商业汇票及有关资料，并保证其真实、合法、有效，如因上述事项不真实而给甲方造成任何损失由乙方承担，甲方有权向乙方追索。
3. 在贴现过程中，乙方应配合甲方办理商业汇票的查询工作。
4. 在贴现过程中，由乙方承担的贴现利息，授权甲方在向乙方划付的贴现金额中扣除。
5. 在贴现过程中，由丙方承担的贴现利息，乙方应协助、保证甲方足额及时收取。

第五条 丙方职责

1. 丙方知晓并同意此笔贴现业务为协议付息，即贴现利息由乙、丙双方按本协议规定比例共同承担。
2. 丙方同意并保证在甲方办理此笔贴现业务前，按规定在贴现银行开立人民币存款账户，并在账户中存入应付的足额贴现利息。
3. 丙方同意并授权甲方在支付贴现款项前有权自动从其账户中扣收本协议约定的贴现利息。
4. 由于丙方原因导致贴现当日甲方无法及时足额扣收贴现利息，造成甲方或乙方损失的，由丙方承担责任。
5. 丙方付息账户：_____，开户行账号：_____。

第六条 经甲方审核，同意对乙方出具的商业汇票____张，票面金额合计人民币（大写）_____元（详见清单）办理贴现。

第七条 本协议项下贴现实付金额为：

1. 贴现利息完全由丙方承担时：

贴现实付金额＝汇票票面金额合计

2. 贴现利息由乙方、丙方共同承担时：

贴现实付金额＝汇票票面金额合计－乙方应承担利息

第八条 甲乙丙三方商定贴现利率为_____‰。

第九条 本协议项下汇票贴现利息的计算公式为：

贴现利息＝票面金额×贴现天数×（月贴现利率/30）

第十条 本协议项下汇票贴现利息支付方式为：

1. 丙方承担贴现利息的_____%

应付利息人民币（大写）_____元。

2. 乙方承担贴现利息的_____%

应付利息人民币（大写）_____元。

第十一条 甲方实付乙方贴现金额：

人民币（大写）_____元。

第十二条 本协议未尽事项，由三方协商解决。

第十三条 本协议自三方签订之日起生效。自甲方收回全部票款之日起，本协议自动失效。

甲方：	乙方：	丙方：
（公章）	（公章）	（公章）
法定负责人/授权	法定负责人/授权	法定负责人/授权
代表人（签字）：	代表人（签字）：	代表人（签字）：
年 月 日	年 月 日	年 月 日

4. 2009年11月7日，中国建设银行武汉分行票据中心接到老客户湖北永安钢铁总公司要求给予一批银承汇票的贴现请求，贴现资金将用于扩建生产基地。经过业务员的查询与审查，该批汇票票面及交易合同等申请相关资料均符合银行要求，该银行决定以商定的2.475‰的贴现利率为其办理业务。请根据以下资料，计算出每张汇票应付贴现金额等相关数据，规范填写贴现凭证和相关贴现合同。具体资料（汇票持票人：湖北永安钢铁总公司；开户银行：中国建设银行武汉分行××支行；账号：02389712）。（20分）

协议付息票据贴现凭证（贴息借方凭证）

3

申请日期　　年　月　日　　　　　　　　　第　　号

贴现汇票	种类		号码									持票人	名称										
	出票日	年　月　日											账号										
	到票日	年　月　日											开户银行										
汇票承兑人	名称									账号					开户银行								
买方企业	名称									账号					开户银行								
汇票金额	人民币（大写）												千	百	十	万	千	百	十	元	角	分	

贴现率	‰	贴现利息	买方企业	千	百	十	万	千	百	十	元	角	分	协议书编号：									
			持票人（卖方）											实付贴现金额	千	百	十	万	千	百	十	元	角	分
			合　计																				

根据协议付息协议书的规定，贴现利息的__%在买方企业的账户内扣收，__%在持票人（卖方）账户内扣收。

科目（借）

对方科目（贷）

复核　　　　　　　　记账

此联银行作贴现利息借方凭证

湖北永安钢铁总公司申请贴现的银承汇票资料

序号	票据号码	金额（元）	汇票出票日	汇票到期日	备注
1	A34560828	4 350 000.00	2009－8－21	2010－1－23	异地汇票
2	A23765028	2 300 456.00	2009－8－18	2010－12－18	
3	G65890028	30 457 876.00	2009－8－19	2010－2－5	异地汇票
4	G34653028	40 800 355.00	2009－8－20	2009－12－30	异地汇票

请填写：
中国建设银行武汉分行票据中心银承汇票贴现清单：

序号	汇票号码	汇票金额	出票日	到期日	顺延天数	是否异地	计息天数	利率（‰）	利息	实付金额
1	A34560828	4 350 000.00	2009－8－21	2010－1－23				2.475		
2	A23765028	2 300 456.00	2009－8－18	2010－12－18				2.475		
3	G65890028	30 457 876.00	2009－8－19	2010－2－5				2.475		
4	G34653028	40 800 355.00	2009－8－20	2009－12－30				2.475		
合计										

请填写贴现凭证（每张汇票内容要素单独填写）：

贴 现 凭 证 （贷方凭证） 2

申请日期　年　月　日　　　　　　　　　　第　号

贴现汇票	种　类		号码			持票人	全　称										
	出票日	年　月　日					账　号										
	到票日	年　月　日					开户行										
汇票承兑人	名称					账号				开户银行							
汇票金额	人民币（大写）										千	百	十	万	千	百	十	元	角	分
贴现率	‰	贴现利息	千	百	十	万	千	百	十	元	角	分	实付贴现金额	千	百	十	万	千	百	十	元	角	分
备注：							科目（贷）…………… 对方科目（借）…………… 复核　　记账										

此联银行作持票人账户贷方凭证

贴 现 凭 证 （贷方凭证） 2

申请日期　年　月　日　　　　　　　　　　第　号

贴现汇票	种　类		号码			持票人	全　称										
	出票日	年　月　日					账　号										
	到票日	年　月　日					开户行										
汇票承兑人	名称					账号				开户银行							
汇票金额	人民币（大写）										千	百	十	万	千	百	十	元	角	分
贴现率	‰	贴现利息	千	百	十	万	千	百	十	元	角	分	实付贴现金额	千	百	十	万	千	百	十	元	角	分
备注：							科目（贷）…………… 对方科目（借）…………… 复核　　记账										

此联银行作持票人账户贷方凭证

贴 现 凭 证 （贷方凭证） 2

申请日期　　年　月　日　　　　　　　　　　第　号

贴现汇票	种类		号码				持票人	全称											此联银行作持票人账户贷方凭证
	出票日		年　月　日					账号											
	到票日		年　月　日					开户行											
汇票承兑人		名称					账号				开户银行								
汇票金额		人民币（大写）									千	百	十	万	千	百	十	元	角	分
贴现率	‰	贴现利息	千	百	十	万	千	百	十	元	角	分	实付贴现金额	千	百	十	万	千	百	十	元	角	分
备注：													科目（贷） .... 对方科目（借） .... 复核　　记账										

贴 现 凭 证 （贷方凭证） 2

申请日期　　年　月　日　　　　　　　　　　第　号

贴现汇票	种类		号码				持票人	全称											此联银行作持票人账户贷方凭证
	出票日		年　月　日					账号											
	到票日		年　月　日					开户行											
汇票承兑人		名称					账号				开户银行								
汇票金额		人民币（大写）									千	百	十	万	千	百	十	元	角	分
贴现率	‰	贴现利息	千	百	十	万	千	百	十	元	角	分	实付贴现金额	千	百	十	万	千	百	十	元	角	分
备注：													科目（贷） .... 对方科目（借） .... 复核　　记账										

请填写与客户的银承汇票贴现合同：

银行承兑汇票贴现合同

贴现申请人：_____（以下简称"甲方"）
住　　所：_____
邮政编码：_____
法定代表人：钟明
电　　话：13566889922
传　　真：027-33568968
开户银行：
账　　号：

贴现人：中国建设银行武汉分行_____（以下简称"乙方"）
住　　所：_____
邮政编码：_____
法定代表人/主要负责人：××
电　　话：027-55789045
传　　真：027-88967809

甲方向乙方申请银行承兑汇票贴现，甲、乙双方协商一致，达成本协议：

第1条 本协议项下申请贴现的银行承兑汇票如下：

汇票号码	票面金额	出票人	出票日期	承兑银行	到期日期

　　第2条 本协议项下银行承兑汇票的贴现利率为_____，贴现期限内，如遇国家调整利率，本协议项下贴现利率不作调整。
　　第3条 本协议项下的银行承兑汇票的贴现期限从贴现之日起至汇票到期之日（含汇票在途时间）止。
　　第4条 甲、乙双方同意按贴现票面金额、贴现利率、贴现期限计算贴现利息，从票面金额中扣除贴现利息后的余额即为实付贴现金额，贴现当日，乙方将贴现金额贷记甲方存款账户。
　　第5条 本协议项下的银行承兑汇票的贴现利息为_____，实付贴现金额为（大写）_____元。

第 6 条 本协议项下的贴现资金用途：＿＿＿＿＿＿＿＿＿＿＿＿＿＿。

第 7 条 甲方的保证：

1. 甲方为企业法人或其他经济组织，并依法从事经营活动；

2. 甲方向乙方申请贴现的承兑汇票及其他申请材料是真实的；

3. 甲方取得前款所述的承兑汇票是合法的，且有真实、合法的商品交易作基础；

4. 甲方在乙方处已开立存款账户；

5. 已贴现的承兑汇票遭拒付，甲方按本协议第 9 条的约定向乙方承担支付责任。

第 8 条 甲方的权利和义务

1. 申请贴现时甲方应向乙方提交承兑汇票及相对应增值税发票，并根据乙方要求提交甲方企业设立情况、资信、财务状况、有关商品交易合同等资料。

2. 贴现时甲方应真实有效地完成票据背书转让行为。且背书时不得附加任何条件。

3. 甲方应负责所申请贴现的银行承兑汇票背书的连续性和其前手背书的真实性。

第 9 条 乙方的权利和义务

1. 乙方对甲方提交的承兑汇票，有权按规定向承兑银行以书面方式查询。

2. 在本协议生效后，应及时将贴现金额贷记甲方账户。

3. 银行承兑汇票贴现后在汇票到期日前遇承兑人宣告破产或被责令终止业务活动或在汇票到期时拒绝付款，乙方对甲方行使票据追索权时，有权要求甲方支付下列金额及费用：

（1）被拒绝付款的汇票票面金额；

（2）汇票票面金额自贴现期限到期日起至清偿日止。按**万分之五**计算逾期利息。

（3）乙方为行使追索权而支付的诉讼费、律师费、差旅费和其他一切相关费用。

（4）赔偿其他经济损失。

第 10 条 协议双方在履行本协议中如发生纠纷，双方可协商解决；如协商不成需诉讼的，由乙方所在地法院管辖。

第 11 条 计算贴现利息及贴现金额的贴现凭证为本协议的组成部分。

第 12 条 本协议未尽事宜，遵照《中华人民共和国票据法》及相关法律规范执行。

第 13 条 本协议自甲、乙双方法定代表人/主要负责人或其委托代理人签字并加盖公章后生效。

第 14 条 本协议于＿＿＿＿年＿＿月＿＿日在＿＿＿＿＿＿＿＿签订。

甲方：　　　　　（盖章）	乙方：　　　　　（盖章）
法定代表人：	法定代表人/主要负责人：
（或委托代理人）　　（签字）	（或委托代理人）　　（签字）
＿＿年＿月＿日	＿＿年＿月＿日

5. 接上题：2009 年 11 月 13 日，由于银行头寸偏紧，中国建设银行武汉分行决定将直贴进来的原湖北永安钢铁总公司那批汇票，以转贴现（回购）的方式，卖给中国工商银行武汉分行融入资金，并商议在 11 月 19 日将该批汇票再买回（商议的回购利率为 1.98%）。根据以上资料，请计算相关数据并填写转贴现清单。(15 分)

中国建设银行武汉分行转贴现卖出汇票的明细清单

序号	汇票号码	金额（元）	汇票出票日	汇票到期日	转贴现日	回购日
1						
2						
3						
4						
合 计						

中国建设银行武汉分行转贴现清单（回购式）

单位：元

序号	汇票号码	金额	汇票出票日	汇票到期日	转贴日	回购日	计息天数	利率	利息	实付金额
1										
2										
3										
4										
合 计										

6. 2009 年 11 月 4 日，A 银行与 B 银行经过商谈，达成协议，以 1.550% 的同业拆借利率融入 9 000 万元资金 7 天并在网上确认成交。请填写银行间拆入成交通知单中的各要素，注意成交单内各要素完整准确。具体资料：A 银行（开户行 A 银行，行号：3456970，账号：1232322），B 银行（开户行 B 银行，行号：124990，账号：65332857）。(5 分)

银行间信用拆借拆出成交通知单

成交日期： 　　　　　　成交编号：I200910200906 　　　　　　交易员：洪明

拆出方	
拆入方	

拆出金额（万元）		成交利率（%）	
拆借期限（天）		手续费（元）	
起息日		收款日	
应收利息（元）		到期收款金额（元）	

拆出方户名	
拆出方开户行	
拆出方账号	
拆入方户名	
拆入方开户行	
拆入方账号	

成交序号：I0009

7. 2009年11月23日，A银行与B银行交易员经过商谈达成回购协议，A银行先以1.7860%的回购利率、券面总额共65 000 000.00元的09央行票据69（债券代码0901069）从B银行融入资金（回购期为9天），到期再买回该批债券，折算比例为95%。请根据相关资料填写银行间质押式正回购成交通知单，注意成交单内各要素完整、准确。具体资料：A银行（开户行A银行，行号：007520，账号：456220，债券托管账号：A09762）；B银行（开户行B银行，行号：45645，账号：987657，债券托管账号：A077634），成交编号：B2009112300452，成交序号：B00874。（10分）

银行间质押式正回购成交通知单

成交日期：　　　　　　　　成交编号：　　　　　　　　　　　　　　　交易员：洪明

正回购方			
逆回购方			
回购利率（%）		回购期限（天）	
券面总额（万元）		成交总金额（元）	
到期还款总额（元）		手续费	
首次结算方式		到期结算方式	
首次交割日		到期交割日	
正回购方户名			
正回购方开户行			
正回购方账号			
正回购方债券托管账号			
逆回购方户名			
逆回购方开户行			
逆回购方账号			
逆回购方债券托管账号			
债券名称	债券代码	债券面额（万元）	折算比例（%）	成交金额（元）

成交序号：

8. 假定你为中国××银行成都分行票管中心的实习业务员，在工作中遇到两个客户分别以商业承兑汇票（号码A23827307）和银行承兑汇票（号码A23412345）一张并同时携带相关资料前来你处要求办理直贴业务。根据汇票票面的审核要求及票据风险防范控制等制度要求，请先认真审核汇票票面，作出相关结论。（10分）

商业承兑汇票正面（号码A23827307）

商 业 承 兑 汇 票

出票日期贰零零玖年零伍月零捌日
（大写）

A23827307

付款人	全　　称	沈阳菲克贸易公司			收款人	全　　称	吉林市××公司		
	账　　号	0389－363－98				账　　号	38493－908－23		
	开户银行	中行沈阳市××办事处	行号	4××××		开户银行	交行吉林市××办事处	行号	339088

汇票金额	人民币（大写）	壹佰捌拾万元整	千百十万千百十元角分
			¥ 1 8 0 0 0 0 0 0 0

汇票到期日	贰零零玖年十二月十日	交易合同号码	234098

本汇票已经承兑，到期无条件支付票款

（沈阳菲克贸易公司 财务专用章）　周瑞

承兑人签章
承兑日期 2009 年 5 月 10 日

本汇票请予以承兑于到期日付款

（吉林市×× 公司 财务专用章）　邓志

出票人签章

商业承兑汇票背面

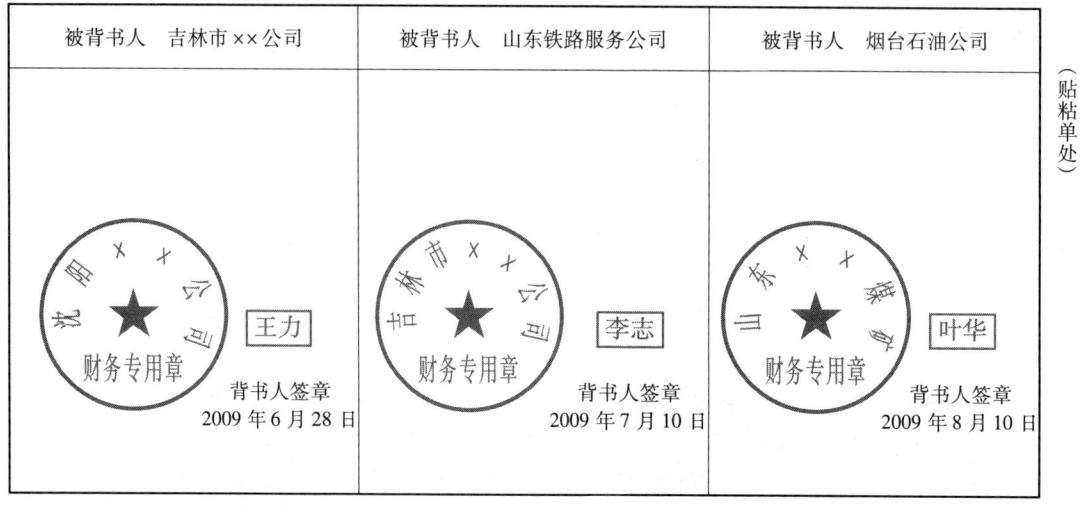

被背书人　吉林市××公司	被背书人　山东铁路服务公司	被背书人　烟台石油公司

（沈阳×× 公司 财务专用章）　王力
背书人签章
2009 年 6 月 28 日

（吉林市×× 公司 财务专用章）　李志
背书人签章
2009 年 7 月 10 日

（山东×× 公司 财务专用章）　叶华
背书人签章
2009 年 8 月 10 日

（贴粘单处）

银行承兑汇票正面（号码 A23412345）

银行承兑汇票

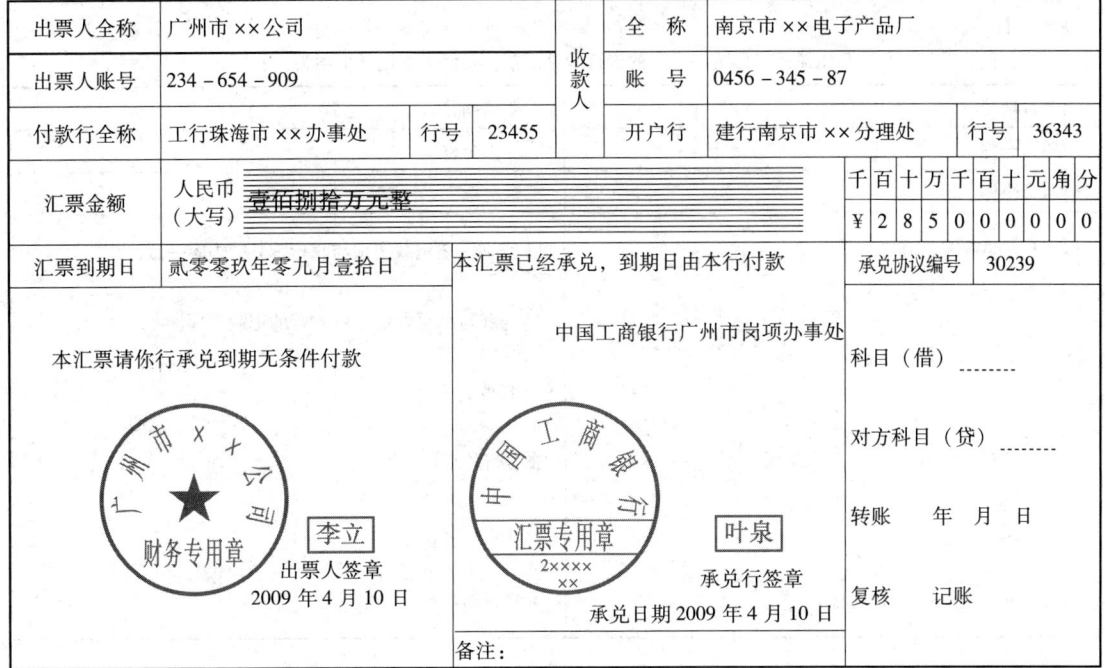

银行承兑汇票背面

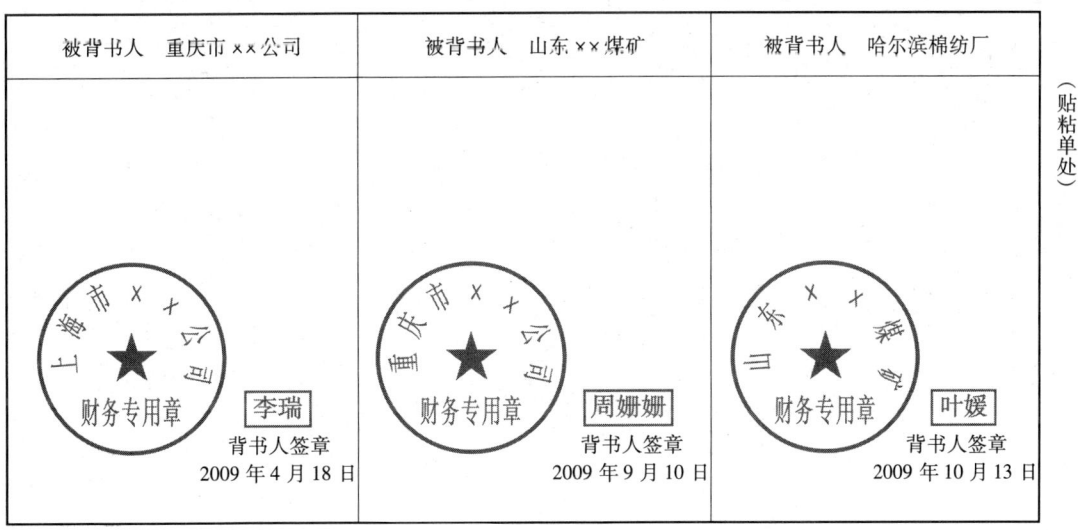

审核结论：

9. 为了确保汇票审核的准确性，按照规定需要向第 8 题中客户持有的银行承兑汇票（号码 A23412345）的承兑行发出查询书，请正确填写。(5 分)

银行承兑汇票查询（复）书

××××行：
　　　　你行　　年　月　日承兑的号码为　　　　的银行承兑汇票，票面主要记载事项为：

出票日期		汇票到期日	
出票人全称		收款人全称	
付款行全称		汇票金额	
以上记载事项是否真实，请见此查询后，速查复 查询行签章： 经办人签章： 查询日期：　　年　月　日		1. 查询汇票记载事项与我行承兑的内容一致。 2. 与我行承兑的汇票所不符的记载事项。 3. 其他。 查复行签章： 经办人签章： 查复日期：　　年　月　日	

附　录

中国货币市场构成示意图

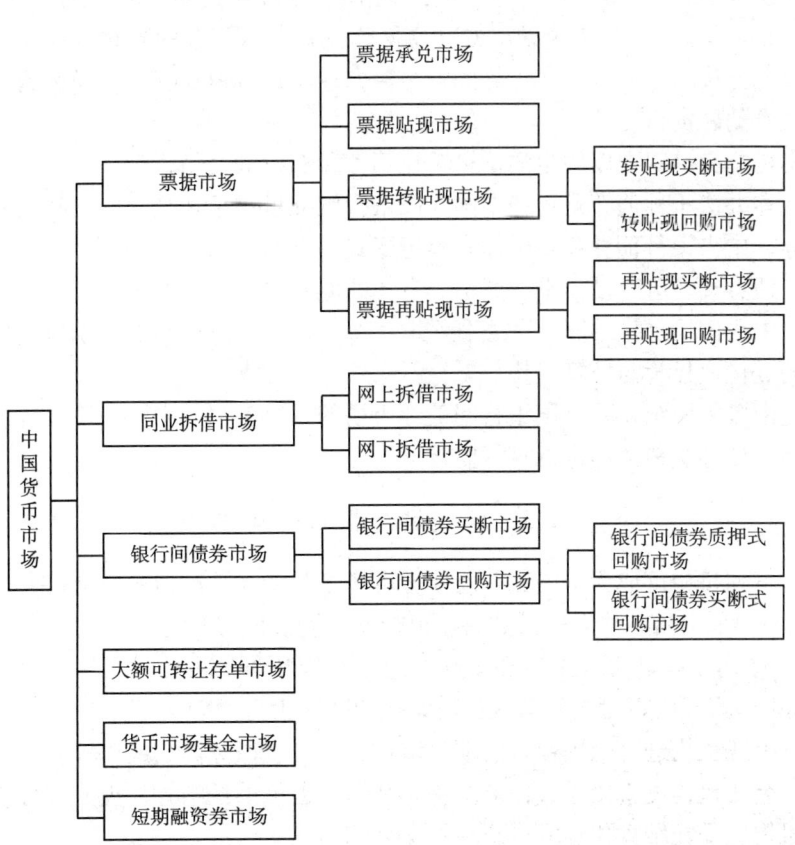

全国银行间债券市场债券交易管理办法

(2000年4月30日颁布施行)

第一章 总 则

第一条 为规范全国银行间债券市场债券交易行为,防范交易风险,维护交易各方合法权益,促进全国银行间债券市场健康发展,根据国家有关法律法规,制定本办法。

第二条 本办法所指全国银行间债券市场债券交易(以下称债券交易)是指以商业银行等金融机构为主的机构投资者之间以询价方式进行的债券交易行为。

第三条 债券交易品种包括回购和现券买卖两种。

回购是交易双方进行的以债券为权利质押的一种短期资金融通业务,指资金融入方(正回购方)在将债券出质给资金融出方(逆回购方)融入资金的同时,双方约定在将来某一日期由正回购方按约定回购利率计算的资金额向逆回购方返还资金,逆回购方向正回购方返还原出质债券的融资行为。

现券买卖是指交易双方以约定的价格转让债券所有权的交易行为。

第四条 本办法所称债券是指经中国人民银行批准可用于在全国银行间债券市场进行交易的政府债券、中央银行债券和金融债券等记账式债券。

第五条 债券交易应遵循公平、诚信、自律的原则。

第六条 中央国债登记结算有限责任公司(简称中央结算公司)为中国人民银行指定的办理债券的登记、托管与结算机构。

第七条 中国人民银行是全国银行间债券市场的主管部门。中国人民银行各分支机构对辖内金融机构的债券交易活动进行日常监督。

第二章 参与者与中介服务机构

第八条 下列机构可成为全国银行间债券市场参与者,从事债券交易业务:

(一) 在中国境内具有法人资格的商业银行及其授权分支机构;

(二) 在中国境内具有法人资格的非银行金融机构和非金融机构;

(三) 经中国人民银行批准经营人民币业务的外国银行分行。

第九条 上述机构进入全国银行间债券市场,应签署债券回购主协议。

第十条 金融机构可直接进行债券交易和结算,也可委托结算代理人进行债券交易和结算;非金融机构应委托结算代理人进行债券交易和结算。

第十一条 结算代理人系指经中国人民银行批准代理其他参与者办理债券交易、结算等业务的金融机构。其有关规定由中国人民银行另行制定。

第十二条 双边报价商系指经中国人民银行批准的在进行债券交易时同时连续报出现券买、卖双边价格，承担维持市场流动性等有关义务的金融机构。双边报价商有关规定由中国人民银行另行制定。

第十三条 全国银行间同业拆借中心（简称同业中心）为参与者的报价、交易提供中介及信息服务，中央结算公司为参与者提供托管、结算和信息服务。

经中国人民银行授权，同业中心和中央结算公司可披露市场有关信息。

第十四条 债券交易的资金清算银行为参与者提供资金清算服务。

第三章 债券交易

第十五条 债券交易以询价方式进行，自主谈判，逐笔成交。

第十六条 进行债券交易，应订立书面形式的合同。合同应对交易日期、交易方向、债券品种、债券数量、交易价格或利率、账户与结算方式、交割金额和交割时间等要素作出明确的约定，其书面形式包括同业中心交易系统生成的成交单、电报、电传、传真、合同书、信件等。

债券回购主协议和上述书面形式的回购合同构成回购交易的完整合同。

第十七条 以债券为质押进行回购交易，应办理登记；回购合同在办理质押登记后生效。

第十八条 合同一经成立，交易双方应全面履行合同规定的义务，不得擅自变更或解除合同。

第十九条 债券交易现券买卖价格或回购利率由交易双方自行确定。

第二十条 参与者进行债券交易不得在合同约定的价款或利息之外收取未经批准的其他费用。

第二十一条 回购期间，交易双方不得动用质押的债券。

第二十二条 回购期限最长为365天。回购到期应按照合同约定全额返还回购项下的资金，并解除质押关系，不得以任何方式展期。

第二十三条 参与者不得从事借券、租券等融券业务。

第二十四条 金融机构应每季定期以书面形式向人民银行当地分支行报告其在全国银行间债券市场的活动情况。

第二十五条 同业中心和中央结算公司应定期向中国人民银行报告债券交易、交割有关情况。

第四章 托管与结算

第二十六条 参与者应在中央结算公司开立债券托管账户，并将持有的债券托管于其账户。

第二十七条 债券托管账户按功能实行分类管理，其管理规定另行制定。

第二十八条 债券交易的债券结算通过中央结算公司的中央债券簿记系统进行。

第二十九条 债券交易的资金结算以转账方式进行。

商业银行应通过其准备金存款账户和人民银行资金划拨清算系统进行债券交易的资金结

算，商业银行与其他参与者、其他参与者之间债券交易的资金结算途径由双方自行商定。

第三十条 债券交易结算方式包括券款对付、见款付券、见券付款和纯券过户四种。具体方式由交易双方协商选择。

第三十一条 交易双方应按合同约定及时发送债券和资金的交割指令，在约定交割日有用于交割的足额债券和资金，不得买空或卖空。

第三十二条 中央结算公司应按照交易双方发送的诸要素相匹配的指令按时办理债券交割。

资金清算银行应及时为参与者办理债券交易的资金划拨和转账。

第三十三条 中央结算公司应定期向中国人民银行报告债券托管、结算有关情况，及时为参与者提供债券托管、债券结算、本息兑付和账务查询等服务；应建立严格的内部稽核制度，对债券账务数据的真实性、准确性和完整性负责，并为账户所有人保密。

第五章 罚 则

第三十四条 参与者有下列行为之一的，由中国人民银行给予警告，并可处三万元人民币以下的罚款，可暂停或取消其债券交易业务资格；对直接负责的主管人员和直接责任人员由其主管部门给予纪律处分；违反中国人民银行有关金融机构高级管理人员任职资格管理规定的，按其规定处理。

（一）擅自从事借券、租券等融券业务；
（二）擅自交易未经批准上市债券；
（三）制造并提供虚假资料和交易信息；
（四）恶意操纵债券交易价格，或制造债券虚假价格；
（五）不遵守有关规则或协议并造成严重后果；
（六）违规操作对交易系统和债券簿记系统造成破坏；
（七）其他违反本办法的行为。

第三十五条 结算代理人和双边报价商违反规定的，按中国人民银行的有关规定处理。

第三十六条 同业中心和中央结算公司有下列行为之一的，由中国人民银行给予警告，并可处三万元人民币以下的罚款；对直接负责的主管人员和直接责任人员由其主管部门给予纪律处分。

（一）工作失职，给参与者造成严重损失；
（二）发布虚假信息或泄露非公开信息；
（三）欺诈或误导参与者，并造成损失；
（四）为参与者恶意操纵市场和融券等违规行为提供便利；
（五）其他违反本办法的行为。

第三十七条 债券交易的资金清算银行不及时为参与者划拨资金和转账，给参与者造成损失的，应承担相应的民事责任。

第六章 附 则

第三十八条 同业中心和中央结算公司应依据本办法制订相应的业务规则和实施细则，报中国人民银行批准或备案，并组织实施。

第三十九条 本办法施行前制定的有关规定,与本办法相抵触的,以本办法为准。

第四十条 本办法由中国人民银行负责解释。

第四十一条 本办法自发布之日起施行。

同业拆借管理办法

(2007年8月6日颁布施行)

第一章 总 则

第一条 为进一步发展货币市场、规范同业拆借交易、防范同业拆借风险、维护同业拆借各方当事人的合法权益，根据《中华人民共和国中国人民银行法》、《中华人民共和国商业银行法》等有关法律、行政法规，制定本办法。

第二条 本办法适用于在中华人民共和国境内依法设立的金融机构之间进行的人民币同业拆借交易。

第三条 本办法所称同业拆借，是指经中国人民银行批准进入全国银行间同业拆借市场（以下简称同业拆借市场）的金融机构之间，通过全国统一的同业拆借网络进行的无担保资金融通行为。全国统一的同业拆借网络包括：

（一）全国银行间同业拆借中心的电子交易系统；
（二）中国人民银行分支机构的拆借备案系统；
（三）中国人民银行认可的其他交易系统。

第四条 中国人民银行依法对同业拆借市场进行监督管理。金融机构进入同业拆借市场必须经中国人民银行批准，从事同业拆借交易应接受中国人民银行的监督和检查。

第五条 同业拆借交易应遵循公平自愿、诚信自律、风险自担的原则。

第二章 市场准入管理

第六条 下列金融机构可以向中国人民银行申请进入同业拆借市场：

（一）政策性银行；
（二）中资商业银行；
（三）外商独资银行、中外合资银行；
（四）城市信用合作社；
（五）农村信用合作社县级联合社；
（六）企业集团财务公司；
（七）信托公司；
（八）金融资产管理公司；
（九）金融租赁公司；
（十）汽车金融公司；

（十一）证券公司；

（十二）保险公司；

（十三）保险资产管理公司；

（十四）中资商业银行（不包括城市商业银行、农村商业银行和农村合作银行）授权的一级分支机构；

（十五）外国银行分行；

（十六）中国人民银行确定的其他机构。

第七条 申请进入同业拆借市场的金融机构应当具备以下条件：

（一）在中华人民共和国境内依法设立；

（二）有健全的同业拆借交易组织机构、风险管理制度和内部控制制度；

（三）有专门从事同业拆借交易的人员；

（四）主要监管指标符合中国人民银行和有关监管部门的规定；

（五）最近两年未因违法、违规行为受到中国人民银行和有关监管部门处罚；

（六）最近两年未出现资不抵债情况；

（七）中国人民银行规定的其他条件。

第八条 下列金融机构申请进入同业拆借市场，除具备本办法第七条所规定的条件外，还应具备以下条件：

（一）外商独资银行、中外合资银行、外国银行分行经国务院银行业监督管理机构批准获得经营人民币业务资格；

（二）企业集团财务公司、信托公司、金融资产管理公司、金融租赁公司、汽车金融公司、保险资产管理公司在申请进入同业拆借市场前最近两个年度连续盈利；

（三）证券公司应在申请进入同业拆借市场前最近两个年度连续盈利，同期未出现净资本低于2亿元的情况；

（四）保险公司应在申请进入同业拆借市场前最近四个季度连续的偿付能力充足率在120%以上。

第九条 金融机构申请进入同业拆借市场，应按照中国人民银行规定的程序向中国人民银行或其分支机构提交申请材料。

第十条 中国人民银行及其分支机构审核金融机构进入同业拆借市场申请的期限，适用《中国人民银行行政许可实施办法》第二十八条和第二十九条的规定。

第十一条 已进入同业拆借市场的金融机构决定退出同业拆借市场时，应至少提前30日报告中国人民银行或其分支机构，并说明退出同业拆借市场的原因，提交债权债务清理处置方案。

金融机构退出同业拆借市场必须采取有效措施保证债权债务关系顺利清理，并针对可能出现的问题制定有效的风险处置预案。

第十二条 中国人民银行及其分支机构批准金融机构进入同业拆借市场或者接到金融机构退出同业拆借市场的报告后，应以适当方式向同业拆借市场发布公告。在中国人民银行或其分支机构正式发布公告之前，任何机构不得擅自对市场发布相关信息。

第十三条 中国人民银行及其分支机构自发布金融机构退出同业拆借市场公告之日起两年之内不再受理该金融机构进入同业拆借市场的申请。

第三章 交易和清算

第十四条 同业拆借交易必须在全国统一的同业拆借网络中进行。

政策性银行、企业集团财务公司、信托公司、金融资产管理公司、金融租赁公司、汽车金融公司、证券公司、保险公司、保险资产管理公司以法人为单位，通过全国银行间同业拆借中心的电子交易系统进行同业拆借交易。

通过中国人民银行分支机构拆借备案系统进行同业拆借交易的金融机构应按照中国人民银行当地分支机构的规定办理相关手续。

第十五条 同业拆借交易以询价方式进行，自主谈判、逐笔成交。

第十六条 同业拆借利率由交易双方自行商定。

第十七条 金融机构进行同业拆借交易，应逐笔订立交易合同。交易合同的内容应当具体明确，详细约定同业拆借双方的权利和义务。合同应包括以下内容：

（一）同业拆借交易双方的名称、住所及法定代表人的姓名；

（二）同业拆借成交日期；

（三）同业拆借交易金额；

（四）同业拆借交易期限；

（五）同业拆借利率、利率计算规则和利息支付规则；

（六）违约责任；

（七）中国人民银行要求载明的其他事项。

第十八条 交易合同可采用全国银行间同业拆借中心电子交易系统生成的成交单，或者采取合同书、信件和数据电文等书面形式。

第十九条 同业拆借的资金清算涉及不同银行的，应直接或委托开户银行通过中国人民银行大额实时支付系统办理。同业拆借的资金清算可以在同一银行完成的，应以转账方式进行。任何同业拆借清算均不得使用现金支付。

第四章 风险控制

第二十条 金融机构应当将同业拆借风险管理纳入本机构风险管理的总体框架之中，并根据同业拆借业务的特点，建立健全同业拆借风险管理制度，设立专门的同业拆借风险管理机构，制定同业拆借风险管理内部操作规程和控制措施。

第二十一条 金融机构应当依法妥善保存其同业拆借交易的所有交易记录和与交易记录有关的文件、账目、原始凭证、报表、电话录音等资料。

第二十二条 商业银行同业拆借的拆入资金用途应符合《中华人民共和国商业银行法》的有关规定。

第二十三条 同业拆借的期限在符合以下规定的前提下，由交易双方自行商定：

（一）政策性银行、中资商业银行、中资商业银行授权的一级分支机构、外商独资银行、中外合资银行、外国银行分行、城市信用合作社、农村信用合作社县级联合社拆入资金的最长期限为1年；

（二）金融资产管理公司、金融租赁公司、汽车金融公司、保险公司拆入资金的最长期限为3个月；

（三）企业集团财务公司、信托公司、证券公司、保险资产管理公司拆入资金的最长期限为 7 天；

（四）金融机构拆出资金的最长期限不得超过对手方由中国人民银行规定的拆入资金最长期限。

中国人民银行可以根据市场发展和管理的需要调整金融机构的拆借资金最长期限。

第二十四条　同业拆借到期后不得展期。

第二十五条　对金融机构同业拆借实行限额管理，拆借限额由中国人民银行及其分支机构按照以下原则核定：

（一）政策性银行的最高拆入限额和最高拆出限额均不超过该机构上年末待偿还金融债券余额的 8%；

（二）中资商业银行、城市信用合作社、农村信用合作社县级联合社的最高拆入限额和最高拆出限额均不超过该机构各项存款余额的 8%；

（三）外商独资银行、中外合资银行的最高拆入限额和最高拆出限额均不超过该机构实收资本的 2 倍；

（四）外国银行分行的最高拆入限额和最高拆出限额均不超过该机构人民币营运资金的 2 倍；

（五）企业集团财务公司、金融资产管理公司、金融租赁公司、汽车金融公司、保险公司的最高拆入限额和最高拆出限额均不超过该机构实收资本的 100%；

（六）信托公司、保险资产管理公司的最高拆入限额和最高拆出限额均不超过该机构净资产的 20%；

（七）证券公司的最高拆入限额和最高拆出限额均不超过该机构净资本的 80%；

（八）中资商业银行（不包括城市商业银行、农村商业银行和农村合作银行）授权的一级分支机构的最高拆入限额和最高拆出限额由该机构的总行授权确定，纳入总行法人统一考核。

中国人民银行可以根据市场发展和管理的需要调整金融机构的同业拆借资金限额。

第二十六条　金融机构申请调整拆借资金限额，应比照申请进入同业拆借市场的程序向中国人民银行或其分支机构提交申请材料。

第二十七条　中国人民银行可以根据金融机构的申请临时调整拆借资金限额。

中国人民银行分支机构可在总行授权的范围内临时调整辖内金融机构的拆借资金限额。

第五章　信息披露管理

第二十八条　进入同业拆借市场的金融机构承担向同业拆借市场披露信息的义务。金融机构的董事或法定代表人应当保证所披露的信息真实、准确、完整、及时。

第二十九条　中国人民银行负责制定同业拆借市场中各类金融机构的信息披露规范并监督实施。

第三十条　全国银行间同业拆借中心是同业拆借市场的中介服务机构，为金融机构在同业拆借市场的交易和信息披露提供服务。

全国银行间同业拆借中心应依据本办法制定同业拆借市场交易和信息披露操作规则，报中国人民银行批准后实施。

第三十一条 全国银行间同业拆借中心应及时向市场公布利率、交易量、重大异常交易等市场信息和统计数据。

第三十二条 全国银行间同业拆借中心负责同业拆借市场日常监测和市场统计，定期向中国人民银行上报同业拆借市场统计数据，向中国人民银行省一级分支机构提供备案系统统计信息，发现同业拆借市场异常情况及时向中国人民银行报告并通知中国人民银行相关省一级分支机构。

第三十三条 金融机构未按照中国人民银行的规定向同业拆借市场披露信息，或者所披露信息有虚假记载、误导性陈述或重大遗漏的，中国人民银行有权对该金融机构采取限期补充信息披露、核减同业拆借限额、缩短同业拆借最长期限、限制同业拆借交易范围、暂停或停止与全国银行间同业拆借中心交易联网等约束措施。

第六章 监督管理

第三十四条 中国人民银行依法对同业拆借交易实施非现场监管和现场检查，并对同业拆借市场的行业自律组织进行指导和监督。

第三十五条 中国人民银行省一级分支机构负责拟定辖区同业拆借备案管理实施办法，并对辖区内金融机构通过拆借备案系统进行的同业拆借交易进行监管。

第三十六条 中国人民银行或者其省一级分支机构根据履行同业拆借市场监管职责的需要，可以采取下列措施进行同业拆借现场检查：

（一）进入金融机构进行检查；

（二）询问金融机构的工作人员，要求其对有关检查事项作出说明；

（三）查阅、复制金融机构与检查事项有关的文件、资料，并对可能被转移、销毁、隐匿或者篡改的文件资料予以封存；

（四）检查金融机构运用电子计算机管理业务数据的系统。

第三十七条 中国人民银行地市中心支行发现同业拆借异常交易，认为有必要进行同业拆借现场检查的，应报告有管辖权的中国人民银行省一级分支机构批准后实施。

第三十八条 中国人民银行及其地市中心支行以上分支机构进行同业拆借现场检查的，应当遵守中国人民银行有关监督检查程序的规定。

第三十九条 中国人民银行及其地市中心支行以上分支机构根据履行同业拆借市场监管职责的需要，可以与金融机构董事、高级管理人员谈话，要求其就金融机构执行同业拆借市场管理规定的重大事项作出说明。

第四十条 中国人民银行及其地市中心支行以上分支机构对金融机构实施同业拆借现场检查，必要时将检查情况通报有关监管部门。

第七章 法律责任

第四十一条 金融机构有下列行为之一的，由中国人民银行或者其地市中心支行以上分支机构实施处罚：

（一）不具有同业拆借业务资格而从事同业拆借业务；

（二）与不具备同业拆借业务资格的机构进行同业拆借；

（三）在全国统一同业拆借市场网络之外从事同业拆借业务；

（四）拆入资金用途违反相关法律规定；
（五）同业拆借超过中国人民银行规定的拆借资金最长期限；
（六）同业拆借资金余额超过中国人民银行核定的限额；
（七）未按照中国人民银行的规定向同业拆借市场披露信息；
（八）违反同业拆借市场规定的其他行为。

第四十二条 商业银行有本办法第四十一条规定情形之一的，由中国人民银行或者其地市中心支行以上分支机构按照《中华人民共和国商业银行法》第七十六条的规定处罚。

第四十三条 政策性银行、信用合作社、企业集团财务公司、信托公司、金融租赁公司有本办法第四十一条规定情形之一的，由中国人民银行或者其地市中心支行以上分支机构按照《金融违法行为处罚办法》第十七条的规定处罚。

第四十四条 证券公司、保险公司、保险资产管理公司、金融资产管理公司、汽车金融公司有本办法第四十一条规定情形之一的，由中国人民银行或者其地市中心支行以上分支机构按照《中华人民共和国中国人民银行法》第四十六条规定处罚。

第四十五条 对本办法第四十一条所列行为负有直接责任的金融机构董事、高级管理人员和其他直接责任人员，按照《中华人民共和国中国人民银行法》第四十六条的规定处罚。

第四十六条 全国银行间同业拆借中心有下列行为之一的，由中国人民银行按照《中华人民共和国中国人民银行法》第四十六条的规定处罚：
（一）不按照规定及时发布市场信息、发布虚假信息或泄露非公开信息；
（二）交易系统和信息系统发生严重安全事故，对市场造成重大影响；
（三）因不履行职责，给市场参与者造成严重损失或对市场造成重大影响；
（四）为金融机构同业拆借违规行为提供便利；
（五）不按照规定报送统计数据或未及时上报同业拆借市场异常情况；
（六）违反同业拆借市场规定的其他行为。

对前款所列行为负有直接责任的高级管理人员和其他直接责任人员，按照《中华人民共和国中国人民银行法》第四十六条的规定处罚。

第四十七条 为金融机构向同业拆借市场披露信息提供专业化服务的注册会计师、律师、信用评级机构等专业机构和人员出具的文件含有虚假记载、误导性陈述或重大遗漏的，不得再为同业拆借市场提供专业化服务。违反有关法律规定的，应当承担相应的法律责任。

第四十八条 中国人民银行或者其地市中心支行以上分支机构对违反本办法的金融机构进行处罚后，应当通报有关监管部门。中国人民银行县（市）支行发现金融机构违反本办法的，应报告上一级分支机构，由其按照本办法规定进行处罚。

第四十九条 中国人民银行及其地市中心支行以上分支机构对金融机构违反本办法的行为给予行政处罚的，应当遵守《中国人民银行行政处罚程序规定》的有关规定。

第五十条 中国人民银行及其分支机构从事同业拆借市场监督管理的行为依法接受监督并承担法律责任。

第八章 附 则

第五十一条 本办法所称中国人民银行省一级分支机构包括中国人民银行各分行、营业管理部、省会（首府）城市中心支行和副省级城市中心支行。

第五十二条 金融机构进行外汇同业拆借由中国人民银行另行规定。

第五十三条 本办法由中国人民银行负责解释，并由中国人民银行上海总部组织实施。

第五十四条 本办法自2007年8月6日起施行，1990年3月8日中国人民银行发布的《同业拆借管理试行办法》同时废止。其他有关同业拆借的规定与本办法相抵触的，适用本办法的规定。

电子商业汇票业务在中国货币市场中的发展应用

一、商业银行电子商业汇票业务简介

（一）产品概述

电子商业汇票业务是指出票人依托商业银行电子商业汇票系统，以数据电文形式制作的，委托付款人在指定日期无条件支付确定金额给收款人或者持票人的票据。电子商业汇票业务分为电子银行承兑汇票和电子商业承兑汇票。客户依托商业银行网上银行平台来实现商业汇票的签发、承兑、交付、背书转让、贴现、质押、委托收款等相关业务功能。

（二）目标客户定位

在上下游产业链中处于核心地位，日常结算业务量较大，有利于提高商业银行财务管理效率的企业客户。

（三）产品特征

电子商业汇票产品实现了商业汇票业务全流程的电子化：
1. 以数据电文形式代替传统的实物票据。
2. 以电子签章代替实体签章。
3. 以网络传输代替人工传递。
4. 以计算机录入代替手工书写。

（四）业务申请要求

1. 客户申请电子商业汇票业务应具备的条件：
（1）是依法从事生产经营活动的企业法人或其他经济组织；
（2）资信状况良好，无不良信用记录；
（3）在商业银行开立人民币账户，资金往来正常，信誉良好；
（4）已开通商业银行的企业网上银行。

2. 客户向商业银行申请办理电子汇票业务，需提供的资料：
（1）《商业银行电子商业汇票业务申请书》；
（2）《商业银行电子商业汇票业务服务协议》；
（3）商业银行需要的其他材料。

3. 经客户申请并通过审批后，商业银行为其开通电子商业汇票业务系统ECDS客户操作端。

（五）业务优势

1. 电子商业汇票在网上进行操作，无须手工填写，交易更加便捷；

2. 电子商业汇票采用可靠电子签章并引入安全数字认证系统，能够有效杜绝克隆、伪造、变造票据。

3. 电子商业汇票以数据电文形式存储和流转，能够有效防范票据灭失、损坏和盗抢等风险。

4. 电子商业汇票不存在票据的实物传递保管，快速流通、没有在途时间。

5. 电子商业汇票无须查询查复。

6. 电子商业汇票最长付款期限为1年，较纸质商业汇票6个月的最长付款期限增加了一倍。①

（六）要点提示

1. 客户办理电子商业汇票业务，其签章所依赖的电子签名制作数据和电子签名认证证书，需向商业银行指定的电子认证服务提供者的注册审批机构提出专门申请。

2. 电子商业汇票业务的授信规则、审批权限与纸质商业汇票一致。

3. 商业银行受理的电子银行承兑汇票承兑申请所需资料、承兑手续费等收费标准与纸质银行承兑汇票一致。

4. 商业银行受理的电子商业汇票贴现业务申请所需资料与纸质商业汇票一致。

（七）电子商业汇票票样（见图1）

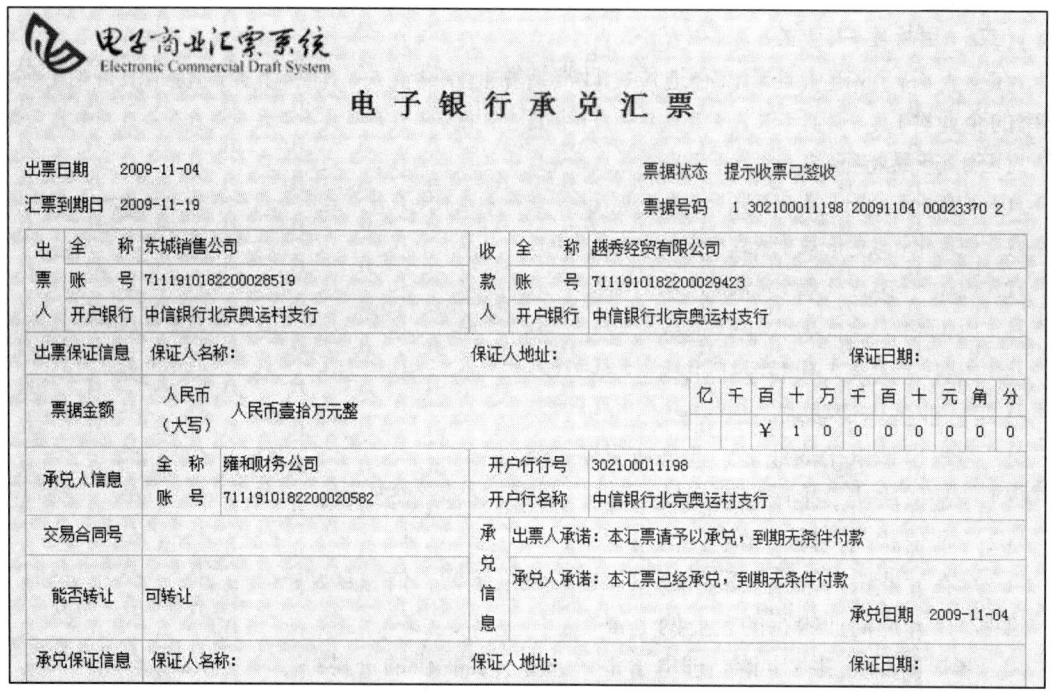

图1　电子银行承兑汇票票样

---

① 纸质票据异地贴现增加计息3天的规定已于2016年12月取消，但电子票据和纸质票据到期日遇节假日仍然顺延。

二、电子商业汇票系统及业务流程简介

（一）电子商业汇票系统的功能定位

电子商业汇票系统（electronic commercial draft system，ECDS），是由中国人民银行批准建立的，依托网络和计算机技术，接收、登记、转发电子商业汇票数据电文，提供与电子商业汇票货币给付、资金清算行为相关服务并提供纸质商业汇票登记查询和商业汇票公开报价服务的综合性业务处理平台。

1. 这是一个流程系统。该系统涉及的电子汇票业务申请、审查、审批、承兑、放款、背书转让和委托收款等具体流程。

2. 这是一个管理系统。具有强化安全、便捷的重点功能，包括签章控制、审批管理、逻辑判断、到期提示等功能。

3. 这是一个信息系统。能够形成比较完善的票据信息和用户信息的收集机制，支持完整、准确、及时的数据分析。

（二）电子商业汇票业务系统与商业银行业务关系构成（见图2）

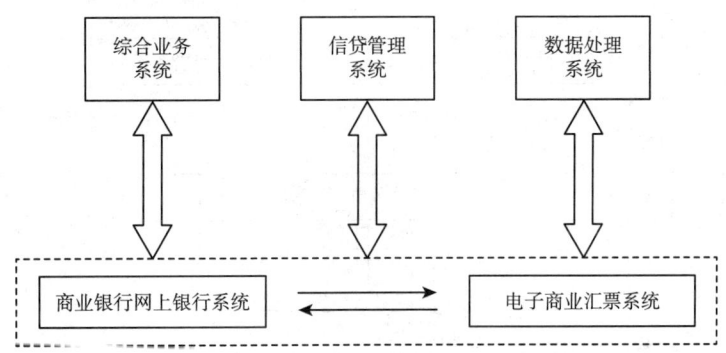

图2　电子商业汇票业务系统与商业银行业务关系构成

（三）电子商业汇票系统（ECDS）发展沿革

1. 2005年开始，国内部分商业银行率先在票据电子化和电子票据应用方面进行了积极的探索和尝试，但由于当时缺乏统一的票据集中登记机制和跨行交易平台，业务开展受到了极大限制。

2. 2007年，全国支票影像交换系统的建立，实现了纸质支票处理的部分电子化，为统一的汇票电子化交易系统的建立提供了基础性经验。

3. 2008年，银行本票和华东三省一市银行汇票的业务通过小额支付系统进行清算，实现了电子化处理。

4. 2008年1月，中国人民银行决定组织建设电子商业汇票系统，并在当年6月正式立项。

5. 2009年10月28日，电子商业汇票系统在北京、上海、山东、深圳四地投产试运行，并由人民银行清算总中心运营。

6. 2010年6月28日，电子商业汇票系统推广至全国。

7. 2017年10月9日，电子商业汇票系统正式移交切换至上海票据交易所进行运营，它

与中国票据交易系统一同组成完整的票据电子化交易系统，推动了我国票据市场完成电子化交易转型升级。

8. 2018年1月16日，上海票据交易所印发了《纸电票据交易融合第二阶段业务方案》和《电子商业汇票系统与直连系统参与者系统互联规范V2.0》的通知，并于2018年10月8日正式投产上线纸电票据交易融合的第二阶段。第二阶段的投产上线，是在交易品种和交易规则统一的基础上，统一纸电票据交易后的登记托管、结算清算等业务规则，真正实现了纸电票据在交易系统的同场交易。

（四）商业银行电子商业汇票业务办理基本流程（见图3）

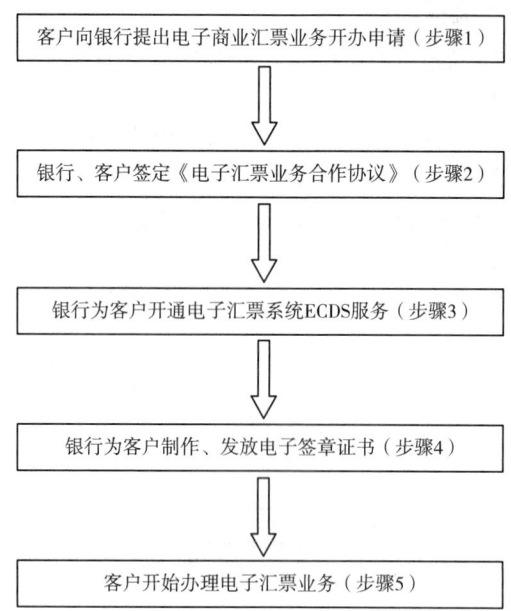

图3 商业银行电子商业汇票业务办理基本流程

相关说明：

1. 电子汇票业务执行与实物商业汇票业务是相同的业务处理流程，商业承兑电子汇票贴现，必须拥有商业银行授信额度。

2. 客户具体通过网上银行向商业银行申请办理电子汇票业务。

3. 商业银行按照规定程序审查确认电子汇票和贸易背景真实性、合法性，合格后通过电子汇票系统（ECDS）办理相关业务。

（五）商业银行电子商业汇票业务操作关系（见图4）

相关说明：

步骤1：企业A、B、C分别在商业银行开立结算账户，提出开通电子票据业务申请，提交相关合格资料。

步骤2：企业A网上申请电子票据出票，商业银行根据授信业务有关规定对申请人实施授信，确定授信额度。

步骤3：企业A办理电子票据的承兑手续，并出票。

步骤4：企业A在网上向企业B交付票据，用于货款结算。

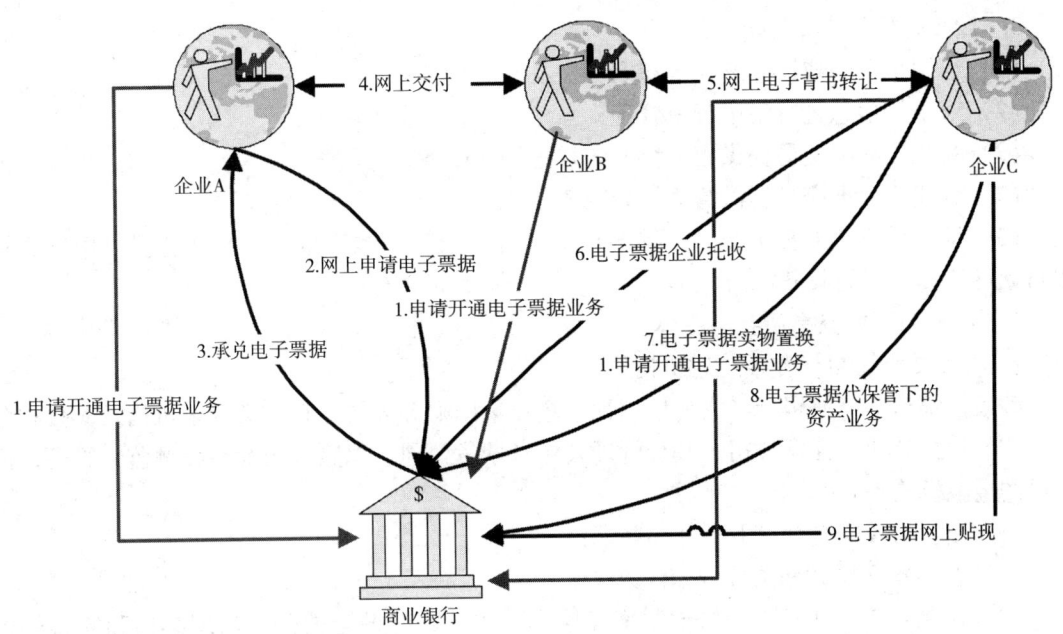

图4　商业银行电子商业汇票业务操作关系

步骤5：企业B在网上对企业C完成电子背书转让。

步骤6：企业C在票据到期后向商业银行申请办理款项托收。

步骤7：企业C向商业银行申请办理电子票据实物置换。

步骤8：企业C向商业银行申请办理电子票据代保管下的相关资产业务。

步骤9：票据未到期前，企业C向商业银行申请办理票据贴现，实现提前变现目的。

三、上海票据交易所概况及相关制度

（一）上海票据交易所概况

1. 机构性质及功能属性。上海票据交易所（上海票据交易所股份有限公司）是按照国务院决策部署，由中国人民银行批准设立的全国统一的票据交易平台，2016年12月8日开业运营。上海票据交易所是我国金融市场的重要基础设施，具备票据报价交易、登记托管、清算结算、信息服务等功能，承担中央银行货币政策再贴现操作等政策职能，是我国票据领域的登记托管中心、交易中心、创新发展中心、风险防控中心、数据信息研究中心。其组织形式为公司法人，实行会员制管理制度。

2. 上海票据交易所成立的现实意义。

（1）我国票据市场经过数十年的发展，票据的本质定位已从最初的支付结算工具逐步演变为重要的货币市场工具。

（2）我国票据市场一直以来处于自然生长状态，缺乏清晰的顶层设计、统一的业务平台和明确的业务规则，市场很不透明、很不规范，导致近年来票据案件出现增长的苗头。

（3）通过成立统一、专业化的票据交易所，实现票据市场报价交易、登记托管、清算结算、数据信息的集中统一，提高市场运行效率，强化市场风险防控。

3. 上海票据交易所职能。

（1）组织全国的票据交易，公布票据交易即时行情；

（2）对票据信息进行集中统一管理；

（3）为我国票据交易提供集中统一的登记托管服务；

（4）为我国票据交易提供清算结算服务；

（5）即提供系统的报价交易、登记托管、清算结算一体化服务，此外还提供中国人民银行认可的其他相关服务；

（二）上海票据交易所参与主体

1. 法人类市场参与者（金融机构）。

政策性银行、商业银行、农村信用社、企业集团财务公司等存款类金融机构及其授权分支机构、信托公司、证券公司、基金管理公司、期货公司、保险公司等经金融监督管理部门许可的金融机构；

法人类参与者应符合以下条件和要求：

（1）在中华人民共和国境内依法设立。

（2）已制定票据业务内部管理制度和操作规程，具有健全的公司治理结构和完善的内部控制、风险管理机制。

（3）具有熟悉票据市场的专业人员。

（4）具备相应的风险识别和承担能力，知悉并自行承担票据投资风险。

（5）中国人民银行要求的其他条件。

2. 非法人类市场参与者（非法人产品）。证券投资基金、银行理财产品、信托计划、保险产品、住房公积金、社会保障基金、企业年金、养老基金、慈善基金等（市场中引入非银机构和非法人产品参与者能够有效地增加市场广度，促进各货币市场子市场的互通，有利于资源优化配置）。

非法人类市场参与者应符合以下条件：

（1）产品设立符合相关法律法规和监管规定，并已依法在相关管理部门获得批准或完成备案。

（2）产品已委托具有托管资格的金融机构（以下简称托管人）进行独立托管，托管人对委托人资金实行分账管理、单独核算。

（3）产品管理人具有相关金融监督管理部门批准的资产管理业务资格。①

（三）上海票据交易所（中国票据交易系统）架构、功能及业务流程（见图5）

1. 上海票据交易所系统架构。

对外：与电子商业汇票系统（ECDS）直联，同步所有电票信息；与大额支付系统直联，实现DVP清算。

对内：共分8个子系统，会员管理子系统、核心交易子系统、纸票业务处理子系统、电票业务处理子系统、登记托管子系统、清算结算子系统、统计监测子系统、计费子系统。

2. 上海票据交易所系统功能流程（见图6）。

---

① 非法人类参与者开展票据交易，由其资产管理人代表其行使票据权利并以受托管理的资产承担相应的民事责任。资产管理人从事资管业务的部门、岗位、人员及其管理的资产应与其自营业务相互独立。

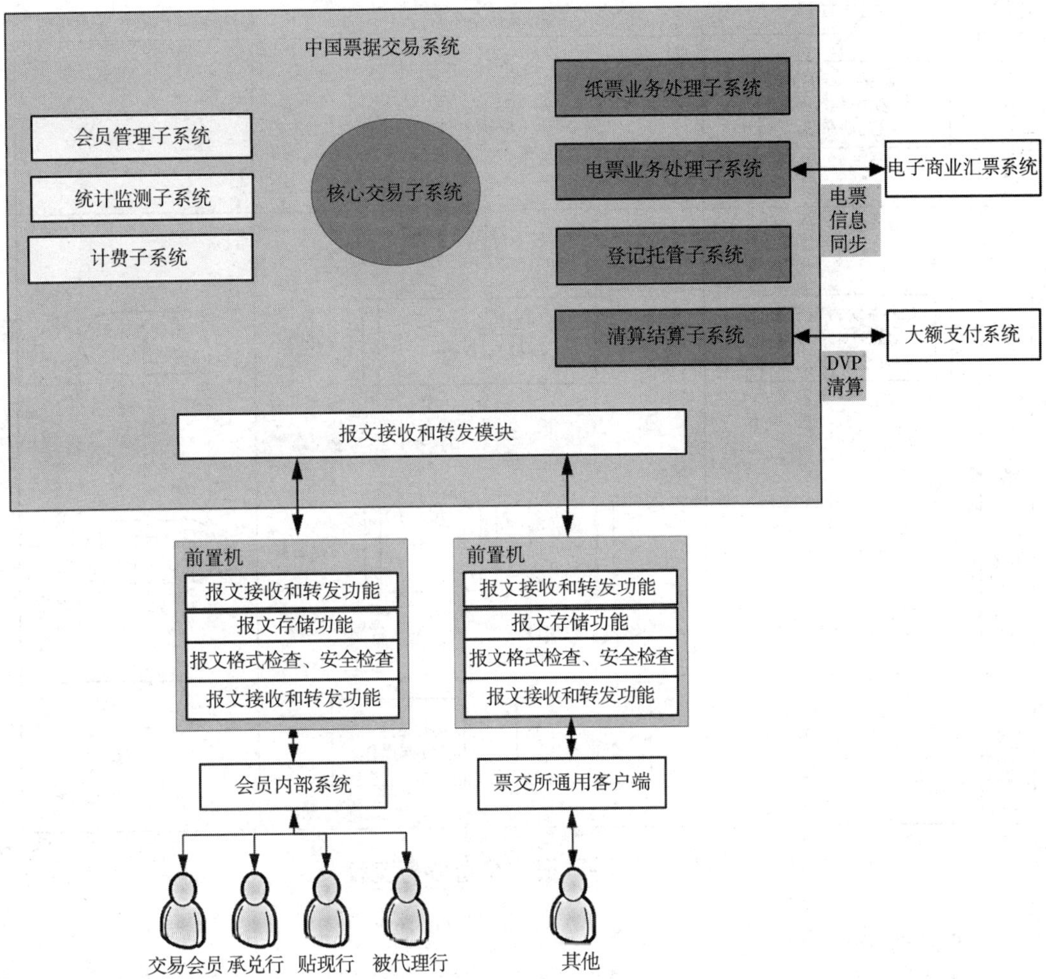

图5 上海票据交易所（中国票据交易系统）架构、功能及业务流程

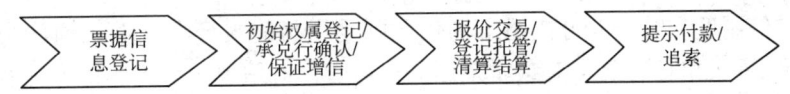

图6 上海票据交易所系统功能流程

3. 上海票据交易所业务流程（见图7）。

（四）上海票据交易所票据信息登记与电子化管理制度

1. 信息登记。市场参与主体通过票交所进行相关业务信息登记（含承兑信息、贴现信息、质押保证、公示催告等信息），因信息登记错误给他人造成损失的，应承担赔偿责任。

2. 贴现政策。

（1）贴现查询。办理纸质票据贴现时，通过票交所查询票据承兑信息，票据必须记载事项与已登记信息一致的，可为贴现申请人办理票据贴现。贴现申请人无须提供合同、发票等资料。

（2）背书加注。贴现后应在票据上加注"已电子登记权属"字样。加注后的票据不再

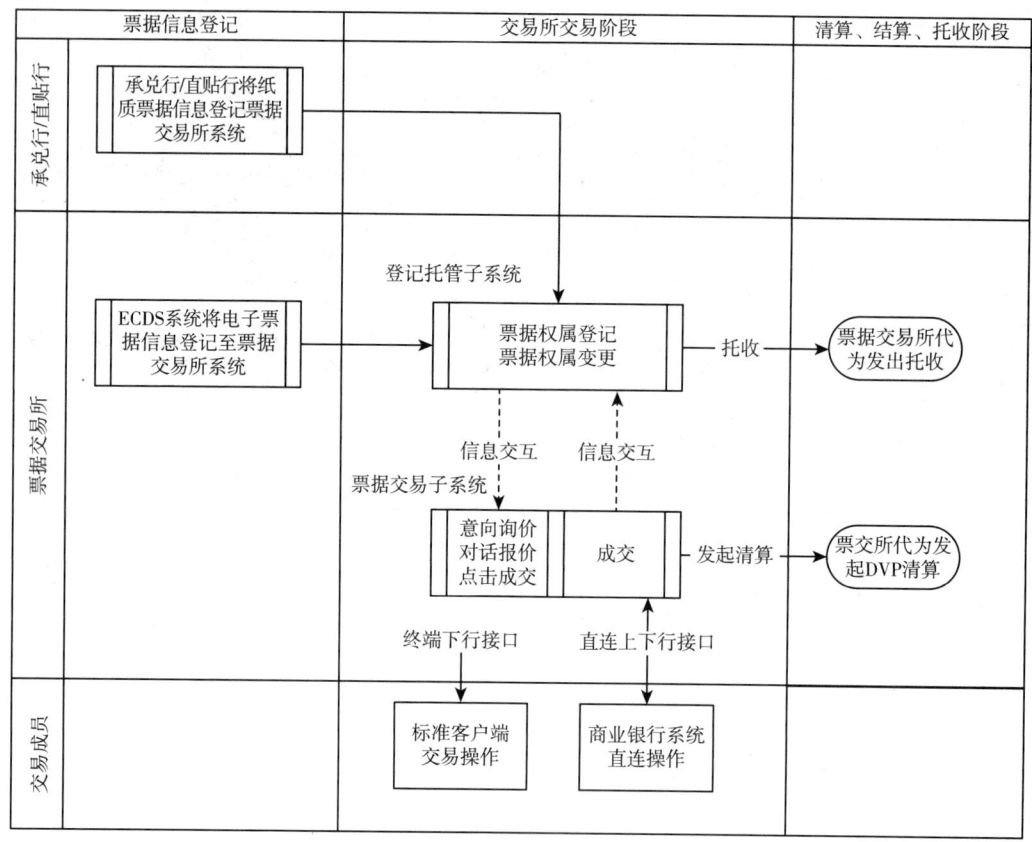

图7 上海票据交易所业务流程

使用纸质形式背书。

（3）贴现完成。通过票交所以电子形式背书流转，办理各类票据行为。纸质票据电子背书后，贴现人应对纸质票据妥善保管。贴现人可以委托保证增信行保管或寄回承兑行确认保管①。

3. 保证增信制度。贴现人可按照市场化原则委托其他银行类金融机构作为该纸质票据的保证增信行。保证增信行负责对纸质票据进行保管，对贴现人承担票据保证及票据伪假的连带担保责任。

4. 承兑行确认。已贴现纸质票据的实物保管人可请求承兑人在票据到期托收前，对承兑票据进行付款确认。

（1）实物确认（重点：票据真实性、背书连续性）。

（2）影像确认（承兑信息、背书连续性签署影像确认的互认协议）②。

---

① 电子形式背书是指在票据交易所以数据电文形式记载的背书，和纸质形式背书具有同等法律效力。

② 已贴现纸质票据的实物保管人可请求承兑人进行付款确认。付款确认可采用实物确认或影像确认等形式。实物确认是指票据实物保管人将票据实物送达承兑人或承兑人开户行，由承兑人在对票据真实性和背书连续性进行审查的基础上对到期付款责任进行确认。影像确认是指票据实物保管人将票据影像信息发送至承兑人或承兑人开户行，由承兑人在对承兑信息和背书连续性进行确认的基础上对到期付款责任进行确认。实物确认后，纸质票据由承兑人负责保管。

（五）上海票据交易所票据交易制度

1. 交易标的。票据包括纸质或电子形式的银行承兑汇票、商业承兑汇票等可交易的票据。
2. 交易原则。公平自愿、诚信自律、风险自担。
3. 交易品种。票据的转贴现业务、质押式回购业务、买断式回购业务。
4. 交易专业人员管理。

（1）交易专业人员定义。从事票据交易及相关业务的专业人员是指：直接从事票据市场交易的业务人员、票据交易及相关业务的管理人员、其他需登录使用交易所核心交易子系统（以下简称交易系统）的专业人员。

具体要求：在本机构从事票据市场交易及相关业务；具有良好的职业操守，最近五年未受过刑事处罚，最近三年未因违反金融法律法规受过行政处罚；具有大专及以上学历，掌握金融市场专业知识，了解相关法律法规，具备基本的计算机操作能力，并从事金融及相关业务工作一年以上者；交易所规定的其他条件。

（2）交易员管理。

第一，组织主体。交易员资格考试、证书发放、后续管理等工作由交易所统一组织实施。

第二，交易员培训。申请人在参加交易员资格考试前，须参加交易所组织的交易员培训。

第三，考试及资格认证。申请人考试合格后方可取得交易员资格，由交易所统一制作、颁发交易员资格证书。

第四，资格年检。交易员资格实行年检制度。

（六）上海票据交易所登记托管及清算结算制度

1. 票据登记。指金融机构将票据权属在票据市场基础设施指定的电子登记簿予以记载的行为。
2. 票据托管。指票据市场基础设施根据票据持有人委托对其持有票据的相关权益进行管理和维护的行为。
3. 托管账户。市场参与者在票据市场基础设施开立票据托管账户，并将持有的票据托管于其账户。
4. 权属初始登记。贴现人于票据交易前完成纸质票据权属登记工作，确保其提交的权属登记信息真实、有效，并承担相应法律责任。

（1）票据托管关系自票据交易所为票据持有人开立票据托管账户起成立，至票据托管账户注销终止。

（2）贴现人于票据交易前完成纸质票据初始权属登记工作，确保其提交的权属登记信息真实、有效，并承担相应法律责任。

（3）票据到期并完成托收后，票据交易所办理票据注销登记。

5. 清算结算服务。

清算方式：逐笔全额清算。

（1）不同会员的系统参与者之间、同一资管类会员的不同非法人产品之间的交易必须采用票款对付结算方式。

（2）同一银行会员的不同系统参与者之间的交易可选择票款对付或纯票过户结算方式。